Better Choices
Better Life

大人學選擇

成 熟 大 人 的 獨 立 思 考 術

Proven Principles
To Make Decisions That
You Won't Regret.

張國洋 Joe
姚詩豪 Bryan
—— 著

目錄

Part 1. 職涯發展的選擇

Part 2. 人生態度的選擇

Part 3. 個人理財的選擇

Part 4. 創業經營的選擇

總結

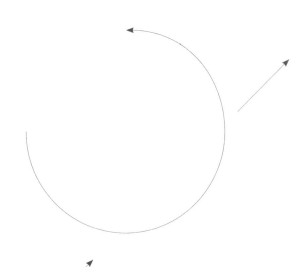

關於大人學選擇

　　《大人學選擇》這本書的初版在 2016 年上市。這六年來我們獲得許多讀者的支持與回饋：有的朋友家裡放一本，公司放一本，時時翻閱；也有朋友一次買了一打，分送給身邊的人，還指定要先看哪一章（Joe 跟 Bryan 說的，正是我的意思）；也有學校的老師、企業的主管買來，當作學生與團隊的參考讀物。

　　這本書原本是我們多年來在網路發表的文章，擷取其中跟「人生選擇」有關的章節彙編而成。每篇的靈感來自我們個人生活中大大小小的人生抉擇，包括：如何看懂整體的大局、如何選擇適合的策略、以及如何累積長期籌碼。由於我們的背景是工程師與管理顧問，因此做選擇的

時候，總會試著以理性的方式分析，並且把思維過程整理成有邏輯的步驟，這些文章更像是我們在「學習如何做選擇」這件事情上的心得筆記。這本書能夠長銷，獲得市場上的肯定，表示「如何做選擇」確實是現代人亟需的一項能力。

　　人的一生看似一段連續的旅程，是一則包含 3 萬個日子或 70 萬個小時的故事。但仔細回顧過往就會發現，我們之所以成為今天的自己，其實源自於生命中幾個重要的選擇：從選擇學校與科系、選擇工作、到選擇交往對象、甚至該不該買房、要不要生小孩……這些決定都造就了我們成年後的生活。我們每一個人就像小說、電視劇裡的主角，在每個劇情轉折處選擇了不同的道路，最終也成就了不同的結局。Amazon 創辦人 Jeff Bezos 說：「We are what we choose.」正是這個意思。

　　然而，這些年有不少學生、讀友、聽眾帶著各式各樣的人生難題來諮詢，當我們問到：「你當初選擇這條路的考量是什麼？」我發現不少人的回應竟是「我也不知道！」、「身邊的人都這樣選！」或是「我不知道還有其他的路！」從這些回應看來，他們甚至不是「做了錯誤的選擇」，而是根本「不曾為自己做出選擇」。當我們進一步探索他們的想法才知道，原來許多人的難處在於：「不知該如何做

選擇，所以只好抄別人的作業」。

　　我們寫這本書的目的，並非要給讀者個別的人生建議，而是希望能分享一些「做選擇的思維方法」。雖然這些方法都是我們親身驗證過的，但更重要的是，希望讀者能夠親身去實踐這些思維方式，把人生的選擇權拿回來，做自己的主人。唯有如此，我們才有機會從經驗中學習，不斷優化我們的決策，活出屬於自己的人生！

　　祝福閱讀這本書的你，都能看懂大局、選對策略、累積籌碼，成為「相信思考，勇於改變」的成熟大人！

張國洋、姚詩豪 2022/10

編按：
本書為兩位作者共同撰寫而成，為求閱讀順暢，正文中主詞統一由「我」代替「我們」。

明知要改變，卻怎麼也踏不出第一步？你需要的是「心理戰術」！

相信不少人都有類似的經驗：打算做出某個生涯或職涯上的巨大轉變，比方說出國留學、轉換跑道等，可能具體的目標和大方向都有了，卻遲遲無法踏出第一步。

前陣子，我和公司內幾個即將從大學畢業的實習生聊天。面對接下來的人生旅途，他們普遍都有以下的困惑：第一，不曉得該怎麼走；第二，他們知道自己要做出改變，比方說有人想學習新技能，有人想轉換跑道，卻很難下定決心踏出第一步。

這樣的焦慮我很能理解，因為我自己也不是那種下定決心就能劍及履及的人。所以這篇文章我想透過幾個親身

經歷，和大家聊聊如何「有效改變」。我會分享幾個「心理戰術」，幫助我們在「優柔寡斷」或「痛下決心」兩種極端之外找出一種新解法。

想到失敗的恐懼和現狀的美好，讓人難以做出改變

從小，我就有個留學夢。我的表哥、表姊年紀輕輕就出國留學，學成後也都頗有成就，所以我把他們當作標竿努力。

雖然出國留學這件事從小在心中萌芽，但真正要實踐時，我卻優柔寡斷了好幾年。

大學畢業時本來想出國念碩士，可是擔心自己的爛成績申請不到一流名校，所以決定先在台灣念研究所把成績拉高。畢業當完兵，該出國了吧？可我又聽說：有工作經驗能增加名校的錄取率，所以我決定先工作。

工作幾年後，我的留學夢還在，只是依然跨不出第一步。直到 29 歲那年，我心想，接下來就要 30 歲了，「今年再不出國真的不行了！」雖然心中拉起警報，但還是拿不出勇氣，因為我滿喜歡當時的工作，繼續做下去也有望晉升或加薪，當時又有個交往多年的女友，不希望距離影響了感情。

人是這樣的：當手上擁有的東西越多，就越捨不得放

棄。而隨著年紀增長，也會越來越難做決定，因為要放棄的東西越來越多。我當時真的非常痛苦，首先，出國留學要放棄的東西太多，包括事業、愛情、舒適圈等；第二，就算願意放棄，我也擔心留學的回報不如想像。

當時我的想法是，既然留學就要念名校才值得，但申請名校談何容易，這是一大障礙。再來，就算我順利畢業了，萬一回台灣後薪水沒有變高？或者，我在美國念到一半因為英文不好、適應不良而被退學了，那不是更慘？這些擔心都是讓我當時很難踏出去的原因。

若改變需要割捨的人事物太多，就先不要割捨

在深陷理想與現實的兩難之際，我心裡迸出一個聲音：「你已經快 30 歲了！如果你現在再不出去，你這輩子就別想出去了，因為你接下來要放棄的東西只會越來越多！」我轉念一想：出國留學這件事情好像太大了，要做出這麼大的決心真的很難，我能不能把它拆解一下？

比方說，出國留學需要托福成績，我就說服自己：「我還沒決定要出國，所以也還沒決定要放棄這些東西。我只是去研究一下托福補習班，說不定可以去補個托福，因為補托福也不一定要出國，對不對？」我也可以補完托福之後不去應考，反正工作也會用到英文，我把托福補一補、

英文變好，也沒損失！所以我就去了南陽街補托福。

　　因為一直擔心自己的條件申請不到名校，我看到南陽街有很多留學代辦中心，我就想，可以請裡面的留學顧問幫我評估看看：以我的成績和工作資歷，我能申請到什麼學校？同時我告訴自己：我沒有要真的要出國啊，只是先做個落點分析，問問沒有損失嘛！

　　留學顧問跟我說：「如果你想念 MBA（當時非常流行理工科畢業去念 MBA），因為成績不夠頂尖，要念美國排名前五的名校機率不高。可是如果你念其他類型的管理學位，比方說專案管理，以你的成績和能力，很有機會進到美國頂尖名校。」

　　延續前面的做法，我繼續把出國留學這件「大決定」拆成許多「小行動」，包括考托福和 GRE、準備申請文件等，同時邊做邊告訴自己：我不需要下這麼大的決心和承諾來做這件事（出國留學），我只要先完成這些嘗試性的小任務就好。如此一來，我就能讓自己安心，因為不用真正放棄現在的愛情和工作。

　　不知不覺間，我完成了不少的前置作業，可以開始申請學校了。當時我還不斷告訴自己：我沒有要出國讀書，我只是試著送出申請表，看我會不會上而已。如果沒上，反正我也沒跟人家講我要出國；如果上了，我也可以不去

念，頂多就是付個申請費而已。

　　於是，我就靠著這樣的任務拆解和一步步「欺騙」自己的這種「心理戰術」，從很難下定決心到成功申請上幾間好學校。最後，我真去了我的第一志願：西北大學。

　　即便到了留學前的最後一步：準備行李和簽證，我還是不斷告訴自己：我只是申請學生簽證而已，我也可以出國去玩，不一定真的要去留學。不過，我最後真的去留學了，也順利拿了學位回來。因為都付出那麼多了，現在放棄太可惜。你看，原本「害怕失去」的焦慮讓我不敢出國，但現在同樣的焦慮卻敦促我「勇敢出國」！

　　我把這件事講給我們家實習生聽，他覺得非常有趣。因為我們看電視劇也好、勵志書也好，都告訴我們：當面臨重大選擇時，我們要勇敢做出決定，要勇敢立下決心。這個鼓勵很好，可老實說，如果那麼容易下決心，我們老早就做了。

　　正因為你要下這個決心，前面會有很多阻礙，後面也會有很多難以割捨的東西，所以我們心裡明知要改變，實際上卻踏不出去。所以我當時就用這樣的「心理戰術」，成功地出國留學。

拆解直銷吸粉手法：讓你踏出的每一步都輕鬆省力、理所當然

我後來想想，這方法其實頗有意思。你會不會覺得這樣的過程很像某種團體引導別人加入的招數？對，其實就是直、傳銷。

大學四年級時，許久沒聯絡的大一室友突然找我吃飯。我們倆同系同班，過去的感情很好，但後來共同的課變少，見面的機會也就少了。

我帶著敘舊的心情赴約，沒多久，他就跟我講他現在在做直銷，不過他只是單純分享，沒叫我參加。

飯局快結束時，他說：「我覺得今天跟你聊得很開心，我最近認識一個非常厲害的前輩，大我們幾歲，我覺得他非常優秀，你一定會想認識他，我們下次再約他一起出來吃飯。」

我也是喜歡交朋友的人，於是答應了他的邀約。沒想到，這位前輩的真實身分竟然是我同學的「上線」。這位前輩從公司的分潤機制講到產品介紹，也沒要我加入，只是邀我有空到他們公司參觀，多多認識公司和產品。

如果你有被做直銷的朋友找過，你一定知道他們的厲害之處。他們不會第一天就叫你加入，真正厲害的直銷高

手會循序漸進，讓你每次做的決定都非常理所當然，不用做很大的承諾，也不用下很多的決心。

他們引導你入會的流程可能是：約吃飯，然後和他的上線一起吃飯，過程中簡單介紹一下直銷系統，再邀請你到公司參觀，或者邀你去他們辦的名人演講，有的還會要你買日常用品體驗包，像是牙膏、洗髮精之類的。

再來，他們會告訴你不用加入會員，但可以留個資料。之後，就會有專人來聯繫你，這其中每一步都非常簡單，都非常理所當然，最後你就莫名其妙變成裡頭的藍鑽經理……

雖然我們不見得喜歡這樣的直銷手法，但不得不說，箇中高明就在於它改變了人對事物的認知：**把一個我們想要越過的大障礙切成多個小障礙，這樣你跨出去的每一步都會很省力，也都很理所當然。**

把大任務拆分成小步驟，讓你過程無痛、輕鬆達標

同樣的概念，回到我們自己的人生選擇和難題上，尤其是面對那些明知要改變、卻踏不出第一步的事情上，比方說換新工作、到海外拓展新商機、拜訪難搞客戶等等，第一步就是「任務拆解」，並在接下來的每一步告訴自己：我還沒有真的要下定決心，或者說，我也可以不急著決

定，我只是把眼前的小步驟做好，而且隨時可以退出。

如此一來，我們有很高的機率能夠一步步「誘導自己」，最後會發現，只剩 1%的路徑就能到達終點。

前面，我們用了出國留學的案例和直銷手法的解析，來闡述這個「心理戰術」如何運用在生活情境中。最後，我們來總結一下，當你面對「明知想改變，卻難以跨出第一步」的事情時，有哪些具體可行的步驟：

1. 不要急著做決定，先把大任務拆解成小行動：當你難以做出重大決定時，我建議你乾脆放棄做決定，或者說先不要做決定，然後把它拆成一個個小行動，最好小到可以在 2～3 天搞定。

2. 找出每個小行動的附加價值：當你執行這些小行動時，你要說服自己，就算最後沒有完成大任務，這些小行動也有它的附加價值。比方說，告訴自己就算不出國，考個托福對英文也有利！

3. 賦予自己「可以隨時退出」的權力，創造安心和餘裕感：當你每完成一項小行動，可以邊做邊告訴自己：我還沒有做出決定，我也不需要這時候下定決心，我隨時都可以退出！

如此一來，既不用做決定，就無須割捨任何人事物，自然不用深陷選擇障礙。當下只要專注在眼前的小行動，你會發現不知不覺間，離目標已經不遠了。

　　我認為，這樣促進自我改變的心理戰術十分有用，至少對我很管用，鼓勵大家不妨嘗試看看！

面臨人生兩難時，
一個好的決斷公式！

之前應邀去大陸上了好幾次專案管理課程，由於我會在課中提到「專案管理對我個人職涯的影響與啟發」，因此下課時間，也常有學員來跟我聊聊職涯或人生規劃的問題（頻率甚至比專案管理問題還高），有時候甚至連兩性疑難都來問我，可見兩岸年輕人縈繞在心的苦惱，其實都差不多！

今天要提的，是一位年輕女生的焦慮：她告訴我，她的夢想是去國外讀MBA，但由於才剛結婚一年，這個夢想一直不敢說出來，她內心覺得，才新婚就得把老公留在國內，自己一個人去追逐夢想，似乎很不妥，但不去又非常遺憾：「老師，你覺得我該怎麼辦好？到底我該去還是不

該去？」

　　你不覺得類似這位同學的問題，在我們成年之後高頻率地出現嗎？像是……

　　我該去念研究所？

　　我該出國留學嗎？

　　我該交男朋友嗎？

　　我該跟他分手嗎？

　　我該換份工作嗎？

　　我該要求加薪嗎？

　　我該生孩子嗎？

　　我該買房子嗎？

　　每個抉擇，都像沒有盡頭的十字路口，我們深怕選錯了就得承受一輩子的懊悔，難以翻身。這些抉擇都非常關鍵，但從小到大，父母師長非常熱切地督促我們的課業，卻很少教導我們如何處理這樣的人生難題（或許因為他們自己也很疑惑）。為什麼我們的機構取名叫「大人學」？要當個獨立思考，理性決斷的「大人」，絕對要比通過考試更具挑戰，我們卻從沒學過這樣的知識，絕對要快快補強起來！

　　以上問句包含那位同學一開始的提問，都呈現了一個

共同點，你發現了嗎？

當事人把人生的問題定義成了 Yes ／ No Question，也就是非黑即白的「是非題」！當我們一開始就把人生抉擇定義成 YES 或 NO 兩個選項，極高的機率我們的思緒會就此卡住，再也動彈不得了！

不知道是大腦生理結構或是文化的影響，人類真的很容易一遇到問題就把它簡化成「要或不要」的二選一陳述。希斯兄弟在《零偏見決斷法》書中提到：這類「是非題」的思維方式占據了青少年日常生活 65％ 的決定。所謂的選擇題至少會有三個以上的選項，這些青少年多數時候等於根本沒有做選擇！事實上不只是青少年，調查顯示美國許多企業經理人在併購公司前，決策選項也只縮限在 " Go " or " No go " 兩個極端。

所以我沒有直接回答那位同學的問題，畢竟下課時間很短，我沒有充足的時間了解她的處境，但我告訴她，第一步我們可以從「重新定義問題」下手：除了去念 MBA，跟不去念 MBA，還有沒有其他的選項？

沒錯，先別急著二選一，第一件事情：先擴充可能的選項，越多越好，避免陷入狹隘的思維陷阱。

我試著提出幾個可能的選項：有沒有想過帶老公一起出國？老公也一起拿個學位或者在那裡找工作？（乾脆去

美國生孩子也行？）如果重點是出國遊歷，也許可以念短期學位？或是夫妻倆一起遊學打工？如果非 MBA 學歷不可，很多歐美名校有在香港設立分校？或是國內大學與國外 MBA 合辦的學程？其實我大概講到第二還是第三個的時候，她的眼睛一亮，露出微笑。上課時間到了，沒能多談，但她非常開心地謝謝我，笑自己「怎麼連這麼簡單的道理都沒想到！」

其實這不是聰明不聰明的問題，而是大腦原本就很容易被這類抽象的抉擇卡住，我們不需要成為天才，只要知道如何正確地使用我們的大腦就好。以下是我的完整建議，就以這位同學為例：

第一，把腦子裡困擾自己的問題寫在紙上，把問題從大腦中抽離，產生「問題是問題，我是我」這樣的「超脫感」，創造「旁觀者清」的客觀性。

第二，寫問題的時候切記，不要寫成「我該出國念MBA 嗎？」這樣的是非問句，而是要思考自己「期待的結果」、「理想的狀態」會是什麼。而且敘述中最好包含「人、事、時、地、物」這幾個元素，例如：

> **我明年在美國讀書並取得 MBA 學位**

第三，開始「拆解」並「置換」上面的陳述，這樣選

項就會擴增了！例如：

　　拆解「人」（我）；可以置換成：我跟老公、我跟朋友……

　　拆解「事」（讀書）；可以置換成：遊學、打工、正職工作、訪問、旅遊……

　　拆解「時」（明年）；可以置換成：其他可能時間，例如再過幾年想生孩子的時候……

　　拆解「地」（美國）；可以置換成：其他近一點的國家，甚至是國內……

　　拆解「物」（MBA 學位）；可以置換成：其他學位，或是薪資、工作資歷、人脈……

　　你看，當我們把願望拆解成人事時地物五個參數，每個參數試著找到 2～3 個值，就一下子拓展出 10～15 個選項了。這些選項未必很完美，但至少比一開始 Yes ／ No Question 更寬廣多元。記得小時候看到女生有一種換服裝的翻頁書，單獨切換髮型、上衣、裙子、鞋子……，就可以變出多采多姿的造型，其實是一樣的概念（但特別強調我沒玩過～）。人生想要多采多姿似乎也是一樣的方法。

　　這個三步驟的決策法（書寫—拆解—置換）是我在當

顧問時常用的方法。有些時候客戶會在一些商業決策上卡關，也是因為被非黑即白的思維給限制了。例如客戶內部對於「到底該不該導入專案管理系統」產生歧見，一派說YES，一派說NO，然後各執己見，其實這樣的二元對立是很無謂的！不如先寫下來（例如：公司明年度導入專案管理系統以提升績效），拆解成人事時地物，再逐項檢視是否有其他的替代方案，把「是非題」變成「多選題」，這樣討論才會更理性聚焦。說不定最後選擇特定專案優先導入一部分的功能，其他單位先用紙本，並預先進行教育訓練……才是對公司更好的選項（反正我公司都有錢賺）。

前導 3.
做出理性選擇
的十大原則

　　「選擇」是很難的一件事。某種程度來說，選擇就是在未知的狀況下「賭一把」。大部分的人生悲劇，往往來自於當事人在完全搞不清楚狀況的時候，就做了一個可能影響後半輩子、數十年的選擇。比方說選學校、選科系、選第一份工作、選擇跟什麼樣的人在一起。偏偏大部分的人在關鍵的事情上，很少知道該怎麼使用邏輯思考細細推敲，反而只是憑藉感性與直覺而定。

　　「選擇」更讓人苦惱的地方，在於可能會有好幾個選項。除非利弊與得失清楚明白，不然其中的取捨總是讓人為難。也因為分析起來很困難，所以有很多人常常思考半天後，卻選出一個自以為很好、客觀上其實沒有這麼棒的

選項。

在本書開始之前，想先給各位讀者十個我們自己常用的思考原則。在面對各類選擇時，如果都能以下面的原則思考一遍，就可以有效地讓未來的人生更加順遂。

原則一：哪一個選項可以讓未來的選擇增加？

每個選項都有其優缺點。我自己在比較各選項時，最先思考的問題，通常都是「哪一個對我將來的自由度最有幫助」。

某些選項會帶來短期利益，但長期下來能自由選擇其他選項的機會會減少；而有些選項短期雖然不利，但長期看來會讓選擇的自由度增加。所以基本原則是「選擇能讓長期選項增加的那一個」。

舉個簡單的例子：有個人很喜歡音樂，卻念了四年的法律系。即將畢業之際他去聽了一場音樂會，發現自己真的很想從事音樂工作。那到底該立刻休學去當音樂家，還是多花幾個月的時間拿畢業證書？是我的話，我會忍耐到畢業。因為拿到法律系的畢業證書，不表示一定得從事法律工作。萬一將來音樂家的人生不順遂，至少還有機會回來從事法律工作，這對後續的人生就像是個「保險」；但如果沒這保險，我後續的人生選擇就只剩下在音樂領域出

頭一途。所以拿到畢業證書，我後續還有兩個人生選擇；但如果不拿，就只會剩下一個選擇。

以此當第一個思考原則，你就能嘗試把人生後續的機會最大化。一旦努力做到這點，加上運氣又不差，人生牌局就會越玩越好！

原則二：不要因為害怕、恐懼、或困難而做出選擇

很多人會因為害怕而做出選擇。比方說害怕孤單、害怕沒工作、害怕無法面對困難的挑戰、覺得跨出舒適圈面對未知很恐怖，所以做了一個讓自己覺得舒適的選擇。

但舒適的選擇，通常都是我們熟悉、沒有挑戰性的，甚至可能是有所缺憾的選擇。因為如果現況很好、可以長期延續、毫無問題，就不會煩惱「要不要選新的」了。但就是因為現況出了問題，即使看起來還不明顯，可是將來遲早會發生，所以我們潛意識才會覺得「似乎是做些改變的時候了」。

可是很多時候，我們又會反反覆覆、擔心未來，所以最後延遲決定，讓自己繼續待在舒適圈中。但這不是理智在幫你決定，而是「恐懼感」在操控你。恐懼感會讓我們待在一個目前安全、但未必正確的位置，進而錯過改變的機會。

請記得：人生最可怕的地方，並不是失去現有的，而是得不到未來更有價值的那些機會。

原則三：不要在憤怒或不平時做出決定

人在憤怒或覺得不公平時，會傾向於選擇玉石俱焚，而非對自己的利益最大化的選項。

兩個小朋友在堆沙堡。如果一個小朋友的沙堡被推倒而在地上大哭，即使老師來了，往往怎麼安慰、擦藥、給糖果、送玩具，都沒辦法讓他破涕為笑。除非讓他把另一個小朋友的沙堡也推倒，自己才會高興。這是人性。但如果冷靜下來看，他拒絕了安慰、包紮、糖果、玩具這些益處，一心一意只為了報仇，這樣的選擇其實非常不理性，也對自己毫無益處。

但你我都是人，都有類似的人性，所以請小心這樣的人性陷阱。如果你被老師當掉、跟情人吵架、跟老闆爭執、被客戶抱怨，這時候千萬不要做任何重大的決定，因為很可能是衝動、不明智的一個選擇，變成只是昏了頭、想報復對方、讓對方難堪與受傷。而這類選項通常都會搞壞關係、累積仇恨，也損傷利益。一旦發生這些狀況，通常都會讓將來的人生選擇縮限。因此，一定要訓練自己在盛怒、感覺不公平的情緒下暫不做選擇。如此，選擇的品

質才會好。

原則四：預想最壞的情況會怎麼樣，並預做準備

雖然我建議盡量逼自己走出舒適圈，但這不表示要盲目地承擔風險。我在做選擇之前，都會問自己兩個問題。第一個問題是「如果事情不如預期，可能會多壞？」；第二個問題是「如果最壞的情況發生了，我承受得住嗎？」

因為很多時候，我們只是自己嚇自己。認真細想下去，壞結果有可能根本沒什麼。直覺雖然讓我們覺得某個選擇的風險很大；但是當理性思考過後，可能會發現原本以為的風險，根本沒想像中那麼大。

我自己當年在創業前也有類似的思考。創業聽起來是很可怕的事情，可是當時我分析後，發現我的行業中最慘也就是沒有客人、接不到生意，但因為前期投資非常小，其實不會因此虧錢。這樣一想，就覺得其實根本不可怕。

再來我又思考，如果一直接不到生意，可以這樣嘗試多久？畢竟經營出名聲是需要時間累積的。我發現以當時的儲蓄而言，就算過兩年沒薪水的日子也沒問題。而且真的這麼糟糕的事情都發生了，那我又會如何？想想發現也沒怎麼樣，頂多是回去當上班族。所以一路想下來，就覺得創業其實也沒這麼可怕。當你發現沒這麼可怕時，恐懼

感就不會驅趕理性，選擇當然也能更加正確。而且當你連最壞的狀況都想過一輪時，代表你對於這項選擇也做好了全方位的規劃。後續執行時的順暢度，其實也會跟著大幅提升。

原則五：計算成本，尤其是機會成本

另一個讓選擇更理性的習慣，是計算成本。

當手邊有兩個選擇時，你若要讓自己傾向理性思考，就該逼自己計算成本與報酬的關聯。當選項被數值化後，就能讓我們避開因為憤怒或不平所做的兩敗俱傷的選擇。

但要提醒的是：成本不一定只有錢。更多時候包括時間、人情、機會等等。某個選擇雖然會花比較少錢，但可能會得罪人、損傷人脈、讓親友反目，這未必是個好選擇。

此外，重大決策還需要考慮機會成本。所謂機會成本，就是被放棄的選項所帶來的潛在價值。比方說，你繼承了一間店面，這時到底是拿來自己開店做生意，還是把店面租出去比較划算？

你盤算之後，可能估計自己開間咖啡店，日子會很輕鬆，一個月淨利大約有三萬元。這聽起來好像很不錯，但如果你從另一個角度來看，這間店面如果租出去，你或許能得到五萬元，而且什麼事情都不用做。而放棄出租，就

會每月損失兩萬，也就是自己開店的機會成本了。

　　當然，選擇或許不能只看數值面。可能還要考慮自己開店的滿足感、成就感、學得的經驗、跟人互動的樂趣、達成夢想等。但這些也是該理性思考的一環，把各選項的價值與成本、好處與壞處都列出來，再根據人生目標挑一個最接近的，這才是大人的思考方式。

原則六：難以決定時，嘗試把狀況推到極端

　　當然，保持理性不是件容易的事。有時我們自以為很理性，但潛意識早已被恐懼感綁架了。但當下自己可能很難察覺自己到底是因為什麼而偏好某個選擇。

　　這時候我會嘗試做一件事情，就是把手上的選項推到極端，或把環境推到極端，看看這些選項是否還一樣吸引我。如此會比較容易辨識出自己在意的到底是什麼。

　　例如挑選工作時，我會問自己幾個問題：「如果薪水只有現在的一半，我還會想做嗎？」「如果主管不是這個人，我還會想做嗎？」「如果從此工時會變超長，我還會想做嗎？」「如果公司日後沒有這種規模的大案，我會想待在這兒嗎？」

　　把環境推到極端，也是我卡住時常常問自己的問題：「如果我中了樂透，還會想做現在的工作嗎？」「如果我

中了樂透，會想跟誰一起分享？」「如果我中了樂透，我還會想住在這裡嗎？」

當你嘗試這樣自問時，就能搞清楚自己到底是因為恐懼感、因為無奈、還是因為真心喜歡而選擇某個選項。一旦知道自己潛意識最在意的點，就能回歸理性、從價值跟成本的角度，分析這項選擇的利弊得失。

原則七：還是很難選擇時，逼自己做些小實驗

不過，邏輯分析沒辦法處理資訊不足的狀況。比方說你想跨入一個從來沒做過的產業，若只是關在房間裡自己判斷，那其實不叫分析，而是空想。要有效判斷，就必須先蒐集情報。所謂蒐集情報，可能是問有相關經驗的朋友、買相關的書籍進行了解。更務實的方法，則是讓自己做些小規模的嘗試。

若你是一個工程師，想轉職到比較重銷售的職位。但你沒有銷售經驗，也不擅長跟人交流，更不知道自己到底學不學得來。這時與其在家裡空想，或是跳下去了才後悔，不如嘗試主動爭取一些機會。比方說公司下次銷售拜訪、需要有懂技術的人一起前往時，你可以主動請纓加入。這樣雖然沒有直接參與，但最少可以近距離觀察，而且很可能有機會面對面回答客戶的問題。有幾次這種經驗

後，就會對這項選擇有更全面的了解。

　　但我也要提醒，嘗試自己從來沒做過的事情，一開始一定會有較長的學習曲線，所以不要因為一兩次挫折就做出「我一定沒辦法」的結論。可能要多嘗試幾次，才會真正感受到其中的樂趣。但透過這種間接跨界的嘗試，至少可以在風險最低的狀況下，理解到另一個選擇的優劣之處，也能讓後續的判斷更貼近真實。

原則八：無論如何，不要盲從與跟風

　　雖然大家都做的事情，好像有種「眾人的保證」；但也因為大家都做，競爭一定很激烈，而且好機會也比較難獲得。

　　對大部分的人而言，接受世俗的價值觀最輕鬆：讀研究所、進大公司、結婚、生小孩、買房子、定期定額買基金、買終生壽險……都是很多人直覺接受的人生選擇。但我要提醒的是：所有選擇的適用性，最後都還是得回歸到個人！

　　就算很多建議符合90％以上的人，你也有可能剛好是剩下的10％。所以聽到別人的建言、知道大家都排隊跟風的事情時，不要慌忙跟上，反而應該退後一步，想想這個選擇真的跟自己的生涯目標、自身條件吻合嗎？如果是一

個競爭激烈的紅海市場，跳進去真的能生存或突圍嗎？會不會只是掉進去變成一個不快樂的分母？若是後者，難道我真得做跟大家一樣的事情？還是可以另闢蹊徑、走出跟大家不同的人生道路？唯有這些都想透了，做出的選擇才是真正為自己量身打造的。

原則九：有機會，多學習別人的選擇邏輯

雖然我建議大家不要跟風，但不表示該因此封閉自己，不理外界趨勢。以我自己而言，雖然某些選擇不符合自己的價值觀，但如果認識那些做了這項選擇、而且過得很好的人，我會想找他聊聊他背後的「人生價值觀」：聽聽當時他為何這麼選、碰到了什麼問題、如何克服等等。雖然這不表示我會跟著選，但我能更全面地了解別人怎麼面對問題，以及如何判斷與執行。

世界上沒有什麼選擇是所有人都適用的。別人選對了、成功了、順遂了，有時候不是表面的選對，而是他有正確思考自己的人生目標、個人特質，然後選出正確的路徑來搭配。簡單地說，這是一個綜效的結果。

所以我對這部分會很感興趣。當你多了解別人怎麼想、別人如何面對人生選擇，就能體會一些更深層的生活心得。這些別人的故事也會讓我們成長，讓自己日後在面

對選擇時，可以用更宏觀的策略來看待這些選項。

原則十：選錯沒關係，要有軸轉或停損的勇氣

沒有人能一次選到最完美的人生路程，大部分都是在過程中不斷調整。所以有個很重要的原則，就是必須有「捨得的勇氣」。選到不喜歡的科系，不要因為花了四年，所以逼自己繼續做相關工作；覺得某個工作跟人生的目標不吻合，不要覺得都浪費兩年了，放棄很可惜；不要覺得兩人差異太大，卻因為花了一年的時間交往，害怕從頭來過太辛苦而堅持跟對方耗下去。

有些選擇做錯了，我們雖然會無奈，但也只能坦然接受。調整自己、控制可惜的心情，然後邁開步伐，重新嘗試不同的方向，就能找到更正確的目標。

如果總是陷在可惜的情緒裡，逼自己忍耐，最後很可能會在憤怒或不平的情緒中，做出一個極端或偏頗的選擇。這樣的選擇通常都很糟糕，帶給你的利益也最小。乾脆在沒有被逼到絕境之前，讓自己勇敢離開不好的環境。就長期而言，這樣才能讓自己未來的選項最大化！

以上十個原則，是面對困難的選擇時，值得一試的思考起點。更具體的選擇情境，請各位讀者繼續閱讀後面的

章節。我們收錄的內容包含：職涯發展、人生態度、個人理財、創業經營、人生伴侶、以及人際關係等各類關鍵選擇的細微思考。

更多內容，歡迎各位到《大人學》網站，繼續關注我們。www.darencademy.com

Part

1.

職涯發展
的選擇

1.

職場選擇的兩大關鍵：
槓桿與彈性

　　人生原本就是一道道的關卡所組成的，每道關卡我們都得做出選擇，在這些選擇與思考當中，我們逐步認識世界，瞭解自己，並成為一個真正的大人。

　　對許多年輕人來說，人生第一道重要關卡，就是畢業之後該如何選擇未來之路。

　　我家裡有位大學剛畢業的小輩，對於未來一片茫然，身邊好幾位同學都去澳洲遊學打工，他也躍躍欲試，想在進入職場前來段人生的壯遊。他的媽媽對於兒子要出國遊歷是贊成的，但不解的是，好好一個大學生，為何要去國外當工人或屠夫。她希望兒子能出國留學拿個學位，或至少去念個語言學校、把英文練好，不要去當苦力。

兒子聽了很不爽，他覺得職業無分貴賤，靠勞力賺錢有何不對，媽媽的想法實在不符合潮流。母子兩人互不相讓，於是來找我評理。

我贊成兒子的「職業無分貴賤」理論，而媽媽的「出國深造」說得也有道理。但我認為這件事情的關鍵，倒不是該去澳洲當工人還是去美國讀碩士，而是在於職場之路有沒有辦法「持續進化」！

簡單地說，**一個理想的職涯選擇，有兩件事情很重要：一是「槓桿」，二是「彈性」。「槓桿」讓你每一分的投入，能獲得一分以上的回報；至於「彈性」，則強調每個選擇都該讓你的路越來越寬廣，而非越來越狹窄。**

很多人選擇工作，把薪資福利這些外在條件列為關鍵考量，卻忽略了一件超級重要的事情，就是你為這份收入付出了多少成本？這是個簡單的投資報酬觀念。「回報／投入」的比值，就是所謂的槓桿。隨著年齡增長，我們當然希望這個槓桿值（也就是投資報酬率）越來越高。另一方面，我們也希望在職場上的選項能夠越來越多，不要因為年紀大就卡在原有職位上，哪兒都去不了，最後只能硬撐到領退休金為止。

那麼，我們可以期待從職場中獲得什麼樣的「報酬」呢？背後又需要哪些「成本」？

職場的「報酬」，第一個想到的當然是「錢」啦！**其次還有成就感、社會認同、人脈等無形的效益。這些效益通常不明顯，會慢慢以「機會」的形式呈現出來。**例如，你的工作表現很好，會獲得主管、同事與客戶的認同，被晉升或被同業挖角的機會也大增，所以你的選擇會越來越多，這是最棒的情況。

那職場的「成本」是什麼？就是你為工作所付出的東西。包含體力、時間、個人技能，還有組織能力（領導、管理、人際溝通等軟性技能）等等。我們每個人都必須為工作投入這些東西，而且每樣工作中，這四種「材料」的比例都不太相同。

例如去澳洲當肉品工人，據說每星期可領到 25K 台幣左右，接近台灣一個月的基本工資，聽起來很不錯。但這份工作的投入成本，可能體力佔 50％、時間 40％、技能10％、組織能力 0％。這樣的成本結構會透露出幾個問題：

1. 體力與時間佔了最大比重（90％），這兩者是隨著年齡增長逐漸下滑的資源。
2. 技能佔比太低（僅 10％），除非未來投入屠宰業，否則這技能的沿用性不高。
3. 組織能力的投入為零，等於這份工作無法累積相

關能力，但這卻是未來槓桿率最高的資源。

相對的，若去澳洲當餐廳服務生，雖然薪水可能比較少，但投入成本預估是體力 30％（體力消耗比肉品工人低）、時間 40％（假設與肉品工人相同工時）、技能 20％（接受點餐、服務客戶、餐飲知識）、組織能力 10％（應付突發狀況，優化工作順序）。這樣的成本結構相較於肉品工人：

1. 體力耗費略低，有剩餘精力可以思考更多事情。
2. 技能與組織能力比重高，而且與人有關，經驗比較可能沿用到其他工作。
3. 有服務生經驗的，去當肉品工人容易，但反過來則需要更多的訓練。服務生在職場上將有更多選擇！

以上數字只是一個概略性的估計，我們要強調的，不是餐廳服務生比肉品工人高級，上述的情境只是一個比喻。重點是我們應該試著用經濟學的投資報酬角度，來看待每一個職場選擇。

另一位認識超過 20 年的好友，我們相識時他才 20 歲

出頭。雖然學歷不高，但工作勤奮，人也聰明，最高記錄一個人同時上三個班！白天在辦公室任職，晚上去做夜班，還兼差做直銷。他曾經考慮要回學校讀書，或花錢上課學些新技能，但後來覺得會佔用他賺錢的時間，於是作罷！他也曾試著做小生意，雖然小有成果，但覺得做生意太麻煩，而且有風險，不如兼差領薪水來得實在，因此繼續用時間與體力來換金錢。隨著年齡逐漸增長，願意接受他的工作越來越少，加上身體長年疲勞開始出狀況，不可能像以往身兼數職，於是槓桿越來越低，選擇越來越窄。40 歲原本正是職場爆發的年紀，他卻開始靠老本過日子。

面對職場大大小小的選擇，千萬別短視眼前的利益，而要分析背後各項成本所佔的比重（體力、時間、技術、組織能力）：**減少以體力、時間這類越用越少的資源來換錢，盡量多用技術、組織能力這類具有槓桿特性的資源換取成果。**這樣在 40 年左右的職場中，你的選擇才會越來越多，投資報酬也會持續上揚。

簡單一句話：職場選擇的關鍵，不在你現在年薪多少，而是自問 10 年之後，你想靠什麼賺錢！

2.

跳脫職涯困境
的五個方法

每當有朋友來求助職涯選擇的問題時，我通常會先反問：「你的長期目標是什麼？」

這問題看似平淡無奇，卻有九成以上的人答不出來。這就像有人來問路，卻說不清自己想去哪裡，還挺傷腦筋的。人人都說工作選擇很重要，但多數人也只是跟著媒體或輿論，看看接下來會流行什麼產業，哪一行薪資高，就決定往哪邊走，極少人真正想過自己的目的地，以及選擇背後的初衷。

當對方支支吾吾時，我會追問第二個問題：「那你為何從事現在的工作？」

大部分回答不外乎「因為念會計，當然進會計事務

所」，或是「學工程，所以當工程師」。直到工作幾年後，發現自己並不喜歡這份工作，薪資福利馬馬虎虎，成就感若有似無，加上人生其他層面暫無成就，於是出現「人生卡住了」的感覺。

當我們迷路的時候，應該先搞清楚自己在哪裡，以及想往哪裡去。但這些朋友的問題大部分都圍繞在「我是不是該去讀研究所？」「是不是該出國留學？」「去考公務員好嗎？」「該考哪張證照最夯？」「哪個產業最有前（錢）景？」……他們有個共同點：總覺得一定有條快速道路是自己忽略的，只要找別人問問「哪條路最好走」，換線開上去，一切問題便能迎刃而解。

可惜，這些問題全都問錯方向了。

茫然與不快樂，根源絕對不是因為錢不多或是工作苦悶，也不是換條路就能一切順利。雖然換新工作有可能會帶來薪水的提升，以及進入新環境而帶來的新鮮感，但幾週過去，豬頭老闆、煩人同事、機車客戶、職場政治等問題，又會讓你重新陷入挫折。這就是為什麼有人不斷在「求職－抱怨－離職－求職」漩渦中打轉的原因。

所以追根究柢，把自己的方向想清楚，是怎麼樣都不能省略的課題！

麻煩的是，台灣的教育很少鼓勵我們去想「自己要什

麼」這種問題。只是鼓勵我們追隨一條眾人已經規劃好的路線走：讀書、考試、升學。等一路走完，終於從學校畢業後，才赫然發現岔路變多了，但我們卻從未學習過如何選擇。

以下五個切入點，建議你試試看，能有效幫助你逐步地理解環境與自己，進而找到自己的方向：

一、迷惘的時候，就做些小型實驗

所謂小型實驗，是選幾個你覺得有點興趣的領域，試著做做看。無論是義工、實習、兼差的機會都盡量把握，只要能夠親身體驗，就大膽試試。

常有年輕的朋友分享了心中的理想後，卻不打算馬上動手。原因是擔心自己沒有相關經驗或資格，所以想花個幾年先準備證照考試、補足學歷，甚至出國念書。這其實不是好策略！畢竟試都不試就埋頭努力，你怎麼知道花了時間金錢之後，自己真的會喜歡那份工作呢？

對當廚師有興趣，首先要做的，是先進廚房試著做幾道菜，或者去找餐廳的實習機會，而不是去補習班考廚師證照或存錢申請藍帶學校。我知道有人會說：「我沒相關技能，別人不會要我。」但我倒覺得不用那麼悲觀，就算沒有技術也可提供勞力，大不了提議自己免費提供服務，

想盡辦法獲得體驗的機會。甚至去廚房洗碗都好，重點是貼近現場感受氛圍。

如果你在上班，對其他部門的領域有興趣，就認識一下那些部門的同事，了解他們平常做些什麼。如果公司內部不存在這樣的領域，就想辦法找間相關的新創公司，用你的專長交換參與的機會，對方通常不會拒絕。再不然就是找間相關的非營利單位，去當義工也不錯。

表面上看來，投入時間精力卻沒拿錢好像吃虧了，但其實賺很大！因為你免費取得體驗的機會，可以親身驗證自己的愛好是否值得長期投入。短短的嘗試，換來一生方向的確立，絕對是值得的！

二、除非很篤定，否則別念太多書

大部分人選科系，是因為分數剛好到達，或是小時候對該領域有莫名的憧憬。可是等我們真的進入那環境，卻常發現理想與現實存在著極大的落差！

越早出社會體驗，越有機會思考自己的下一個未來。最怕一路念完碩士博士，然後才發現讀了七八年的東西其實不是自己要的，真的很慘。這時候要放棄過往的投資會不甘心，繼續做自己不愛的事又很痛苦。有些人就在這樣的糾葛中，一路混到了中老年，情何以堪。

與其累積知識或資格，不如儘快上戰場，面對真實社會，好好歷練一番。搞清楚自己要什麼之後，未來再加碼投資在學歷上也不遲！

三、實在不喜歡，絕對不要硬撐

如果一份工作讓你感到痛苦，每天早上想到要上班就難受，時鐘一到下午五點心情就雀躍起來。無論是因為討厭環境中的人、不習慣文化、或是工作本身不合意，都請開始思考轉換跑道吧！

多數人會用各種理由說服自己，或因為需要這份薪水而硬撐。但除非這薪水真的高到不可思議，不然硬撐其實也撐不了多久，終有一天會因為情緒憤而辭職。花在不喜歡的工作的時間越多，自我探索的時間就越少，也把離職時間往後推延越久。當離職時間越往後，找到快樂工作的機率也就會隨之降低，等於讓自己逐漸提高徹底卡死的機率。別忘了，時間是人生賽局中最珍貴的資源！

四、不確定是否喜歡時，請多試一會兒

上述第三點，可不是鼓吹大家稍有不順就換工作。我要強調的是：若對某份工作感到痛苦，別以為久了就會習慣，通常只會越來越難受。等忍受到一個臨界點才做出決

定，這時往往有欠深思，衝動下的決策也通常會走向懊悔之路。

可是，如果這份工作沒有很討厭，但也沒有很有趣，我反倒會建議你應該嘗試久一點。因為成就感就像好酒，需要時間醞釀。等到我們技術熟練、獨當一面、能創造出價值後，香氣才會逐漸浮現。若這份工作你不討厭也不喜歡，不妨先讓自己累積實力，提升熟練度。極有可能在投入一陣子後，突然發現自己喜歡上這件事情了。許多學音樂的人告訴我，當他們徹底熟練一首曲子之後，才開始感受到音樂的美妙！

五、人生像衣服，訂做的才貼身

我發現越是迷惑的人，越期待一個簡單、現成、大眾化的答案：

「我覺得工作很辛苦，去考公務員會輕鬆些嗎？」

「現在 APP 很紅，我該去學電腦程式嗎？還是去生技產業更好？」

「我想當專案經理，去考證照是捷徑嗎？」

我得說，人生的路其實是靠自己走出來的，當中並不存在一條可以睡到終點的高鐵軌道。別人開好的路不是沒有，只是等你踏上去之後就會發現，通常都是堵塞的高速

公路。所以你要就得在別人開好的路上耐著性子等待、排隊、付過路費、玩著別人的遊戲慢慢晉級；不然就是得花些功夫研究、找出自己的優勢與動機，走一條跟別人不相同的路。雖然後者看似辛苦，但長期而言，這才是真正輕鬆的路。

從今天起，請好好探查一下自己的長期人生目標。就算暫時不知道也沒關係，挑幾個有興趣的事情，找出成本最小的體驗方式。多做幾次、持續下去，最終一定會找出答案的！

3.

上班也好，創業也罷，
獨立存活才是關鍵！

　　近年來「大創業潮」席捲全球，除了政府鼓勵年輕人創業，民間也出現各類資源，像是育成中心、孵化器、共同工作空間等。越來越多年輕人想透過創投、政府補助與募資平台籌措資金。在全球資金氾濫的情況下，確實有不少新創團隊獲得資金的挹注。

　　不過越來越多的聲音提醒我們：好日子不會永遠持續，創業大夢的資金泡沫總有一天會破滅。全球經濟每10年左右就是一個循環，當經濟上行，熱錢流竄，總會帶來一波投資熱潮。但熱潮之後就是退潮，光靠熱錢挹注而沒有實際經營績效的新創公司，往往就是最快陣亡的一群。所以許多年長的經營者呼籲：「不應該過度鼓勵年輕人出

來創業！」畢竟不是人人都有經營的才幹，若讓大家誤以為創業很容易，是一件很不負責任的事。

　　雖然我對創業風潮能持續多久保持觀望的態度，但有件事情是可以確定的：從十八世紀工業革命興起的雇員制度，之後應該會逐步式微。當然，這不是說日後沒有公司要雇用員工，而是雇員這個角色，尤其是白領階級，跟過去的認知將會大不相同。我預估未來在職場上會出現幾種趨勢：

一、　產品的生命週期將越來越短，公司方向很可能會時常變動。所以雇員在同一部門（甚至同一公司）做到退休幾乎成為傳說。

二、　只熟悉單一技能或業務的人，在職場上將面臨極高的風險。

三、　全球化與學歷貶值加劇了職場競爭，若無法凸顯差異，個人將很難生存。

四、　薪資呈 M 型化分布。突出的人薪資極高，反之極低。加上人工智慧與機器人技術突飛猛進，企業雇用的人力將越來越少。

五、　終生雇用徹底消失。「鐵飯碗」將取決於你是否擁有高價值技能以及對新事物的掌握能力。

世界的步調變化極快。如果想在接下來的時代站穩腳步，我建議：你未必需要創業，但你得理解，無論是念書、進大公司、進小公司、進新創團隊、還是選擇創業，都該培養自己成為一個「能獨立運作的專業工作者」。若你的工作只是大型組織繁複流程中的一小段任務，或僅僅扮演一顆大機械中的小螺釘，一旦環境發生改變，你將會是首當其衝遭遇風險的人。

在未來，我建議你該在職場中訓練自己成為以下四種角色之一，才能在這個時代穩健存活下去。

一、投資者

投資某個事業、以獲取盈餘收入的角色。例如手上有筆錢，能夠買房子當包租公，或是買股票領股利，這是一條可以確實安穩過活的路。不過，這條路需要資金充裕，所以多數人往往要到人生中後期才能達到這個選項，不是年輕人可以輕易達到的目標。但不表示你不該花些時間了解怎麼投資，以及了解金融市場怎麼運作，並把這當成你的長期目標。

二、企業主

經營事業的角色。這可以是小洗衣店的老闆，也可以

是大公司的董事長。你若經營一個自己的事業，讓市場來支撐你的夢想，並且讓你維持周轉、養活員工，就是這個類型的存活方式。

三、自雇者

沒有資金，又不擅長跟團隊共事的人，則可以考慮成為專門技術的自雇者，例如律師、醫生、會計師等，販售專長與時間。你未必有能力經營一個事業，但至少你會某種技能，可以靠提供這個技能（或時間）來存活。

四、專業明星

類似明星球員的概念。由於具備特殊的技能與經驗，在法律定義上雖然是公司雇員，也領公司薪水，但處在「待價而沽」的狀態，與公司的關係對等。如果公司無法提供合理的報償，隨時可以與其他公司合作，甚至獨立成為「自雇者」。

如果這四個身分對你而言很難選擇，那我給你個簡單的建議。面對多變的未來，「創業」只是生存的選項之一，並非絕對。除非你已經有創業的想法與資金，否則不妨從當個上班族開始，先培養某項完整的專長與獨立解決問題

的能力，並與企業達成一種平等互惠的合作關係。然後逐漸擴大服務範圍，找出需要你服務的市場，降低對單一公司的仰賴度，這時候便有機會成為「自雇者」。等自雇者的角色站穩後，就可以嘗試創業，往「企業主」之路邁進。待手上累積一定資產時，再將資產投資到能產生被動收入的事業上。只要朝著這個方向邁進，你在未來的存活率，一定會越來越高。

4.

遇到責任灰色地帶，
該撇清責任
還是多做一點？

　　下班後的餐廳與酒館中，我們常常看到上班族們齊聚閒聊。聊的話題不外乎辦公室的種種，其中對職場生活的抱怨又佔了話題的大宗。開始寫職場文章的這幾年，也陸陸續續接收不少讀友們的苦水，我從中歸納出一件有趣的事實：職場裡怨念最深的人，其實來自於某個特定族群！

　　薪資最低的族群嗎？不是。是工作壓力最大的一群？也不是。與老闆同事處不來的人？依然不是。這群心有不甘，極度憤恨的人，往往是那些很努力盡到本分，工作表現不俗，卻不被老闆認同的人！這些年來，我覺得心裡最苦的員工，就是來自這個族群。

他們很像職場中的「李奧納多‧狄卡皮歐」：每部作品表現都不俗，也受到觀眾的喜愛，但付出多年，心心念念的那座奧斯卡獎（也就是老闆的重用與認同）卻總是頒給別人。每次精心準備的得獎致詞，總是無法派上用場。明明是位十分稱職優秀的員工啊！這到底是怎麼回事？

相較於公司裡那些混日子的人，職場李奧納多實在優秀太多了。他們非常敬業，更別說責任感，做事情總是細心踏實，少有錯誤，說他們是 100 分員工也不為過（連老闆也不否認這點）。當公司有重要專案或職位釋出，職場李奧納多一定入圍，但絕對不會得獎。反倒是平常表現 80 分上下的員工（表示工作表現不盡完美），反而能在這關鍵時刻勝出。這到底是為什麼？

其實我一直沒搞懂。直到有次整理相片，看到與前同事的合照，才突然想通了一些事情！我覺得癥結在於：這些充滿怨念的人，太喜歡「劃線」！說個例子你就懂了。

我在國外工作時，有位工程師前輩跟我不錯。他能力非常強，人也很隨和，但我很納悶為何他的年紀比我大十多歲，卻仍在基層打滾。直到後來我自己升上主管，開始交辦任務給他時，才恍然大悟。

每次給他任務時，我習慣花較多時間解釋背後的原委，相信這會對他的工作有所幫助（這也是其他老外主管

的做法）。

但我發現，在禮貌地聽完我的陳述之後，他往往迫不及待地問我：**這個任務的輸入（我提供給他的資料）與輸出（他該有的產出）是什麼**。提出這個雖然無可厚非，但我們是一個顧問團隊，常常要解決很抽象複雜的問題，有時很難定義明確的 input 與 output。身為主管，我希望能借重他的專業經驗，告訴我怎麼做最好。於是我花更多時間解釋整件事背後的緣起與目的，最後他受不了了，就說：「經理，我必須知道明確的任務定義，否則我無法開始工作。」於是我只好摸摸鼻子，去尋求其他同事的意見。

憑良心講，我不能說這位前輩有錯！因為我是主管，把工作釐清再交給成員，原本就是我的責任。但我想說的是：**一接到任務，就習慣性把「主管責任」與「我的責任」劃清界線的心態，困住的其實往往是自己。**

我在《尋找天賦與熱情的系統化做法》演講大力強調，工業革命時代留下來的「線性思維」，是阻礙我們自由思考的最大障礙！父母師長常提醒我們，要克盡「本分」，扮演好自己的「角色」。話是沒錯，但在這個網路時代，誰能說清楚「本分」的範圍？誰又能清楚定義每一個「角色」呢？除非你在非常傳統的工廠當作業員，每天做著可以被機械人或印度人取代的工作（本分與角色都清楚到不

行），否則，能否幫助大家解決問題，才是最重要的價值！

每次接到任務就立刻劃分楚河漢界的心態，是導致員工心理不平衡的主因。當事人把工夫花在釐清自己的工作範圍與責任，試圖在這塊明確的領域中做到 100 分，便覺得自己盡到了責任。看看別的同事，有些人的「本分工作」乍看只做到 70 分，殊不知這些 70 分同事的重點，可能根本不限於自己的「守備區域」而已，而是試著做些範圍外的努力，看能不能幫團隊得分。難怪當 70 分的同事受到老闆重用，獲得晉升時，這些 100 分的人會感到困惑，甚至憤怒與不平。（通常會用對方「拍馬屁」或「玩政治」作為合理化的解釋！）

只在乎個人是否盡責的員工，絕對稱不上專業！就像打棒球一樣，輸贏都以團隊為依歸。如果某人輸球後就跳出來劃清界線：**嘿各位，雖然我們輸了，但我想讓你們知道，在下負責的三壘可是毫無缺陷喔！**這人或許還會被留在隊上，但我相信，他絕對不會成為團隊仰賴的要角！

一個真正的團隊工作者在接獲工作時，心裡想的不是象棋的楚河漢界，而是更像圍棋的思維。他們不會把工夫用在釐清本身的工作範圍，而是思考如何幫助團隊，解決共同面臨的挑戰。她／他不會急著劃線，而是畫圓，以全局的視界進行思考。

愛劃線的員工，往往還會遭遇另一個問題，雖然有點衰，但某種程度也是自找的：他們在自己的工作領域內常常做到 100 分，成為他們「唯一」的價值所在。哪天出了點小失誤，只達到 90 分，縱使還是勝過其他 80 分的同事，但就會被主管質疑能力！遇到這種事情，他們會氣得要死，覺得這世界真是太不公平了！老闆要罵也該罵那些 80 分以下的，可惡，我以後乾脆只做 60 分算了！這種抱怨我聽太多了，通常只是氣話，回去後他們還是一樣「劃界線」、「盡本分」。因為他們心裡也知道，這是自己唯一擅長、也唯一能帶來安全感的事，因為他們絕對不會跨出自己劃的那條界線。

上面的狀況，有當過工具人的男生（或馴養過工具人的女生）一定很明白，基本上就是「用心」跟「用力」的差別。工具人天天送宵夜，裡面還附上手作卡片，哪天妹子好朋友報到，只不過飲料忘記去冰，說不定就直接出局！懂得用心的高手，不隨便出招，哪天看到妹子秀眉緊蹙，放顆預藏的巧克力在她桌上，一句「唔，拿去」，就算巧克力沒化，妹子心也都融了！工作與戀愛相似的地方就在於：巧勁遠比蠻力有效！

在職場上，我們多多少少會進入同事間責任的灰色地帶。與其花費心思釐清責任，甚至推給其他單位，不如多

用點心，想想老闆真正需要的是什麼？工作有點像是養毛小孩：一個真正愛狗愛貓的人，絕對不會以「我有給牠食物、也有清理便便喔！」就覺得夠了。他們會陪寵物玩耍，會關心毛小孩的身體健康，甚至試著了解牠們的心情，畢竟做不到這些，養寵物又有何意義呢？乾脆養雞鴨還比較營養。所以，請絕對不要把這些「超出本分」的付出當作浪費。寵物也好，工作也罷，最終你一定會獲得真實的回饋。你看，李奧納多最後不就得獎了嗎？

5.

新主管空降而來，
我有什麼選擇？

　　「這麼無能，為什麼可以空降當主管？專業完全不行，耍官腔倒是一流，難道大老闆看不出來？如果高層不趕緊處理，繼續讓他帶領我們的話，我只好離開了。」一位在知名企業任職的朋友，在餐廳裡向我大吐苦水。

　　「你原來的主管呢？」我問他。

　　「前主管工作能力非常強，把團隊帶得很好，所以升官了。但升職後不帶人，權力反倒沒有以前大。」他悵然若失地回答著。

　　我繼續問道：「那麼新主管上任多久了？上任後部門表現如何？」

　　「上任快一年啦！他真的很爛，不幫忙就算了，還惹

毛客戶，都是靠我們下面的人努力hold住，結果今年部門績效反倒比去年還好，真讓他佔了便宜！」朋友説完，氣憤地咀嚼著食物。

明明是表現優異的企業，大老闆竟然空降一位「笨蛋」來當主管？這種事在職場上層出不窮。多數上班族對此情勢多半會有以下直覺反應：

直覺一：新主管一定很會拍馬屁，或者跟大老闆有關係才會這樣。結論──新主管是豬頭，大老闆是神豬頭！

直覺二：新主管一定是個雙面人，大老闆被他的花言巧語唬了，以為他有實力，做了錯誤的判斷。結論──新主管是狡猾的狐狸，大老闆被當凱子！

直覺三：高階主管間的人際關係與我無關，反正掌權者都是一個樣。現在這間公司很難做事，我不想幹了！

以上直覺反應未必是錯。但我建議讀者，把公司的局勢當成一個思考練習，試著把拼圖還原全貌。你也可以想想以下幾個盲點：

盲點一：新主管或大老闆的職場歷練比我們久。有沒有可能他們不笨，只是在玩一個我們看不懂的遊戲？

盲點二：新主管的無能既然那麼明顯，為何還能被挖角空降？是否有我們看不到的強項？

盲點三：換上無能主管，部門績效應該很快變差才對，但結果為什麼正好相反？

盲點四：前主管的優秀有目共睹，為何升職後反倒沒有直接帶領團隊、擴大權力？

「局」的思考方式有個特點，就是強調「凡存在必有原因」。對於現況，先不做道德批判，而是以旁觀者的角度來拆解因果關係，並且從中找到我們自己的生存之道！

可惜從小我們就生長在一個「二元論」的世界，善惡分明，非黑即白。歷史一定有我族與外族；戲劇一定有正派與反派；連卡通都有好人與壞人之分。這樣長大的我們進了公司，自然覺得企業裡也有正義與邪惡的一方。我每天老老實實辛勤工作當然是好人，而那些靠一張嘴坐領高薪的主管就是壞人。但每次遇到職場難題，就一味地把原因歸咎於對方不公不義，這樣自己非但不會成長，而且換再多工作也是浪費時間，因為還是會遇到一樣的問題。

請各位暫且排除「所有主管都是白痴或壞蛋」的假設，一起來看看這局還有什麼其他可能性？但要理解這部分，首先我們得把自己的利益放一邊。人是大老闆找來

的，我們先看看大老闆會怎麼想！

　　以員工的角度，總認為工作能力越強，帶來生意越多，對公司越有利。所以能力強的前主管被架空，換個能力差的新主管，整件事情就是不合理。不是大老闆老番顛，就是嫉妒前主管功高震主。但這樣的思考都基於一個錯誤的假設，以為公司首要之務是成長與獲利！根據我這些年近距離觀察經營者的發現，「如何讓公司安全生存下來」可能才是老闆們心中最重要的事情。

　　這些老闆經營公司，就像參加龍舟比賽一樣，最終目的是要贏過其他龍舟（公司）沒錯，但實際上的操作，不是光叫每位水手拼命划船就好，而是要不斷平衡與微調，才能讓船直線前進。如果船兩邊的力量相差太多，船會走得歪歪扭扭，甚至撞上石頭而翻覆，更別提率先奪標了。

　　理想情況，當然是依據力量，將水手平均分配在船的兩側，但實際上這是不可能的任務。組織成員形形色色，能力參差不齊，所以老闆得花很多心力平衡力道，但這些事情員工未必看得到。假設今天船上來了一位「浩克級」的怪物，隨便一划就抵得上 20 人的力量，請問這艘船會贏還是原地打轉？對於工作能力強的浩克級主管來說，他會積極地提出各式方案，鼓動老闆從事更激進與冒險的業務，這樣才能充分發揮個人能力，但老闆卻會擔心這艘船

會失去控制。這裡就產生了風險不對等的狀況：對浩克來說，冒險的代價較低，若提案失敗，大不了離職再找工作便是；但對老闆來說，過度激進造成的風險，會讓公司毀於一旦，牽涉投資人與諸多員工的生計，這可不是重開104就能解決的問題！

根據我當企業顧問多年，與高階主管相處的經驗，不少大老闆的做法是：暫時限制浩克的能力，派駐一些比較溫和、甚至有抑制作用的「緩衝墊」上場。回到龍舟的比喻，大老闆可能會把浩克的槳換成蒼蠅拍（降低權力），或是在浩克那一側安排幾個比較弱的水手（案例中的新任主管），抵銷浩克的神力。這樣船的左右兩邊力量才會平衡，得以直線前進。這也是為什麼舊主管離開，新主管上任，公司業績未受影響的原因。

那為什麼不把浩克直接換掉？首先，浩克是人才，落入別人手中會變成威脅。其次，大老闆希望浩克自我成長，不要一味地展現神力，而是學會控制力道，與一般凡人合作。第三，可以讓浩克擔任獨立新創事業的頭，在風險控制下，為公司殺出一條新路！

所以看似無能的新主管，很有可能是高層合理的布局，扮演「緩衝者」的角色。

現在回到我們員工的角度，在這個局裡，我們該如何

安身立命？我的看法是：與其情緒化地批判，或是意氣用事離職，不如透過自己的專業讓他依賴你，最後甚至取而代之！

往好處想，新主管專業度不夠，正是你表現的機會。你可以盡量幫他準備所有對上級報告的材料，甚至連投影片、報表都準備好，讓他徹底依賴你；你也能藉機做好當主管的準備。別以為高層都是笨蛋，既然新主管被界定為「緩衝人才」，功勞自然會落到你頭上。等公司達成權力平衡後，你絕對會出現在晉升名單中。

另外要注意一點：別去激化其他同事對新主管的不滿。大老闆此時最在意的是權力平衡，如果你的團隊和新主管產生衝撞，那就違背了大老闆對於「安全」的渴望。別自以為平常功勞很大，工作表現一流，搞懂大老闆此時的目標才是重點！

其實組織裡面，原本就沒什麼好人壞人，大家只是基於各自的立場，做出認為最合理的決策。危機就是轉機，看似麻煩的主管，其實正好給你一個絕佳的機會。企業選擇接班人，並非選最有產值的員工來當主管，而是將已經具備管理思維的員工「扶正」而已。這一切心態的轉變，都來自於你能否看懂職場這個「局」，再做出長期有利於自己的選擇。

6.

對工作感到厭倦時，
除了離職還有什麼選擇？

雖然沒有明確的統計數字，但我相信職場上真正熱愛
工作，以及極度痛恨工作的人，只佔一小部分。更多的上
班族是介於中間：對現在的工作談不上熱情，但也不至於
很討厭，反正就是一份工作嘛！

但人其實是很容易厭倦的一種生物！除非有很強烈的
動機在背後驅策，否則朝九晚五的日子時間長了，難免會
感到厭煩。遇到這樣的狀況，說「離職」似乎太沈重，畢
竟對現有的工作還存在著依戀，而且也難保換了新工作，
不會出現一樣的倦怠感。但長期低潮下來，也確實讓人很
無力。這該如何是好？

其實就拿我自己來說，目前身兼講師、顧問、作家

與主持人的工作組合，讓我感到前所未有的自由度與成就感，說是夢幻工作也不為過。但即便如此，偶爾還是會對工作感到一絲厭煩與無力。明明有許多報告沒交，卻在電腦前面上網兩、三個小時毫無產出，或是一邊做一邊感到痛苦，這也是有的。

以前我對這樣的現象很困擾，甚至懷疑這是不是我真正想要的工作。但我現在有了新的想法：人原本就是情緒的動物，我們的心情有高低起伏，不必為了暫時的低潮就懷疑自己的決定。況且每個人的工作內容，其實是由多種不同的小任務所組成，就算大方向是我們熱愛的，但也難保每個小任務都合我們的意。就像一個學生無論多喜歡他的學校，也不代表每門課他都喜歡；我們對一個人的看法也是，對方的優點再多再好，也難免有些缺點我們必須忽視或接受。

那麼在工作上遇到那些不甚喜愛、卻不得不做的任務，有沒有什麼好方法面對呢？我想提供兩個私房招數給大家參考：

「飛機餵食法」與「筷子疊疊樂」。

有次看到一位阿嬤餵孫子吃飯，我體悟到了自我管理的哲學：調皮的小鬼頭不好好吃飯，看到湯匙就把頭撇開。這時阿嬤都會使出千古流傳的一招：飛機餵食法！她們會

先用湯匙舀一口飯菜，把它當成飛機，然後用誇張的聲音對小孩說：「喔！你看看，飛機要來囉！啾～」然後原本不想吃飯的小孩，會興奮地張開嘴巴，阿嬤就趁機把湯匙塞進口裡！說也奇怪，原本小孩恨之入骨的菠菜蘿蔔泥就這樣吞進去了，有時候還要求再來一口呢！

挺好笑的吧！但這就是人有趣的地方。雖然是苦差事，但只要加上一點想像力與變化，感受就會截然不同！

舉個自己的例子：以前當工程師的時候，我很討厭寫結構計算書（一種驗證結構安全的技術文件），每次都覺得超痛苦。但我知道這是很重要的一環，不做不行，那怎麼辦呢？後來我想了一個辦法，因為我對製作 Excel 試算表很有興趣，所以每次做計算書時，我都盡量用 Excel 來完成。我會設定一堆自動化的公式，把一些重複用到的計算給模組化。用事先設定好的模組拼成一份計算書，只要輸入關鍵數字，計算書就自動完成。如果遇到新的案子，我就很高興地設計一個新的試算表。於是原本很討厭的工作，反倒成了我的玩樂時間。後來我把這份自動化的計算書分享給我的同事們，大獲好評，也受到主管的稱讚！

以上就是「飛機餵食法」。那什麼是「筷子疊疊樂」？這牽涉到一段感人的跨海戀情……

以前在工地工作的時候，某次經過外籍移工的宿舍，

看到有個移工把很多免洗筷疊起來做了一個像盒子一樣的東西。我因為好奇就問他那是什麼？他靦腆地說，有個女友在泰國等他，在台灣的工期結束後就會回泰國完婚。為了讓等待不那麼痛苦，他把每天吃便當用的免洗筷子清洗後累積起來，做成木盒子，等這個盒子差不多完成，也就是他回家成親的時候。看著這件作品一天天成形，當下的辛苦也變成一種幸福的期待。

我自己也會用類似的方法。像我雖然挺喜歡去企業授課，但有時候案子太多，也會有倦怠的時候。我的做法是統計上課時數與學員人數，當看到數字從 100 小時、200 小時，學員從 500 人、1000 人逐步攀升時，就會燃起一種成就感，體會到自己並不是瞎忙，而是朝有意義的目標挺進，這時工作的情緒也會重新點燃！

如果你確定很討厭現在的工作，每天上班都很痛苦，那我會勸你珍惜生命，花些時間找尋你的天賦與熱情，這絕對是最值得的人生投資。但若只是偶爾對工作感到厭倦，不妨試試上面這兩個方法，將自己的工作情緒調整到最佳狀態！

7.

職場卡關時，
壯遊是個好選擇嗎？

　　歐美的年輕人常在離開學校時，或工作一段時間後，辭掉工作，空出一年的時間，到一個不熟悉的地方背包旅行或打工，藉此重新定位自己的人生，也就是 Gap Year。近年來這股風潮吹向了台灣，不少年輕人也嚮往自己能來場「壯遊」。

　　我認為這樣的概念是不錯的。有位美國同事告訴我，他大學畢業後對人生很茫然，無所適從。於是像賈伯斯一樣，跑去印度壯遊一年。在那裡他目睹成千上萬的印度人，因為缺乏乾淨的飲水，衍生出許多疾病。於是他回到美國後，決定研究水處理的技術，立志要為人類提供乾淨的水源，整個就是超級勵志的故事！

至於我自己，雖沒有過 Gap Year，但確實有幾次 Gap Month 的經驗！第一次是在碩士畢業、等當兵的那段時間，我主動向指導教授爭取到一個機會，到美國的學術研討會上發表論文。因為當時役男有限制出境的規定，能用學術的名義出國，對我是個難得的機會。後來我在美國西岸待了一個多月，拜訪了幾位親友。那是我第一次出國，也留下很棒的回憶！

　　第二次經驗則是在美國讀完碩士後，趁開始工作之前，在北美遊歷了一段時間，花了將近一個月待在溫哥華，與定居當地的朋友度過了一段愉快的時光。

　　這兩段經歷對我人生的最大貢獻，其實是拓展了自信與眼界。第一段經驗是我第一次出國，20 出頭歲的我發現原來自己一人也能在美國到處遊歷，增加了不少自信，也對後來出國留學與工作打下了心理基礎。至於在溫哥華那次，則是對當地華人的生活有了更深一層的認識。在當地我結識幾位台灣去的小留學生，雖然長住那裡，英文卻不太靈光（還要我幫忙點菜），整天蹺課（每天都出來陪我玩），開著跑車到處把妹閒晃。當時我就得到兩個結論：第一，家裡有錢未必是祝福；第二，我若有小孩，絕對不單獨送他們出國。

　　當然，能夠不用工作，出國歷練，是需要一些前提條

件的。

第一，最大的關鍵就是「錢」。當時我只是口袋空空的學生，如果沒有爸媽贊助，以及當地親友提供的住宿與招待，是不可能成行的。即便如此，我也只待了一個多月就回台灣。

第二，收穫是有的，但未必對職場有明顯助益。兩次 Gap Month 都發生在我的待業期，因為也還沒找到新工作。但對一般上班族來說，如果大膽離職來個 Gap Year，耍帥結束後卻還是得認命做一樣、甚至更差的工作，那真是情何以堪！

第三，有讀者可能覺得這兩段經歷跟「出國玩一個月」沒啥兩樣。沒錯，我是去玩，不用工作，沒有責任，純粹遊歷。所以我獲得的啟發，也就是獲得獨自在異國生存的自信，還有了解當地風土民情。這兩項目的，只要請個假出國去自助旅行幾天，也可以達到！

基於以上三點，我想跟上班族說的是：如果你對自己失去信心，對生涯感到迷惘，對工作產生厭倦，與其存錢出國漫無目的地遊玩，不如安排一段不一樣的 Gap Year，為職涯「重開機」。但我建議這段 Gap Year 必須達到以下三個目標，分別是：財務要自給自足、對職場發展要有幫助、承擔責任而非恣意遊玩！

說穿了，就是暫時放下正職去「打工」。在收入過得去的前提下（但一定要有收入，稍後提及），試著做些你一直想嘗試，或者與學經歷背景完全無關的「基層工作」，這樣能幫助你重新體會「工作」的意義和本質，甚至「巧遇」天賦與熱情。重點是，維持自給自足的狀態！

與兩次的國外 Gap Month 相比，我的短暫打工經驗，其實為我的職場發展帶來更多的啟發。多年後的今天，仍深深受益。

多年前我幫助一位長輩，將整座工廠搬遷到大陸。我的工作是將殘留設備整理過後，再搬運到貨車上。當時印象最深的是，將好幾台跟我差不多高的工廠用風扇搬到貨車上。一整天下來簡直累斃了，不但滿身油汙，還有好幾處刮傷流血。回家後我沒洗澡，倒頭就睡，但我超級開心，因為我賺到人生的第一張 500 元！

這次打工經驗給我的震撼很多，除了發現錢不好賺之外，更體會到「工作就是要弄髒手」這件事。在辦公室待久了，我們很容易誤以為光靠電腦與會議室就能完成所有工作。但世上大多數的事物，仍需要我們捲起袖子、滴下汗水才能成就。這件事，一直到我當上管理顧問後，仍時時刻刻提醒自己。我會要求客戶帶我去看生產線，去工地，因為我需要回歸工作本質的感覺，而不是紙上談兵！

第二次打工經驗，我在一家建設公司當助理。白天跟在老闆後面視察建案，看許多精美的裝潢與設計。但回到辦公室後，反差非常大，我必須把密密麻麻的工程圖攤開，一個一個數鋼筋有幾根，磁磚有幾塊，這樣才能估算建材成本。我念的是土木系，班上不少同學覺得念建築系比較帥，整天背著單眼拍照、素描、做模型什麼的，紛紛想轉系。但這份打工讓我知道，光鮮亮麗的工作背後，必定有繁瑣無趣的一面。很多人只靠表面印象就做了選擇，但伴隨的往往是失落與後悔。

　　第三次打工是在美國，我幫表哥的高爾夫球具店短暫地顧店，也是我的零售業初體驗！雖然只有短短幾小時，但我超級緊張，很怕有美國人進來問我產品，那我就糗了！沒想到，表哥一離開，就進來一位亞洲臉孔的大叔，我微笑上前，他看了我一眼，突然跟我講起台語！因為感到意外，也因為緊張，我竟沒聽懂他講什麼。於是被大叔訓了一頓，說台灣囝仔不講台語怎麼行。我也不知道該怎麼辦，就只好跟大叔說，不然你教我怎麼講。沒想到這位大叔興致一來，就開始跟我用台語對話，還告訴我高爾夫的鐵杆木杆這些知識。聊了好久，中間有美國人來逛時，他還主動幫我招呼。我表哥回來後，這位大叔就跟我表哥說你這新店員不錯（啥？我什麼都沒做啊），然後買了一

堆他要的東西走了。

　　你說這段經歷對我未來的工作有無幫助？當然有啊！我學到的第一件事，就是別對客戶預設立場，他們有各式各樣你想像不到的背景與需求，別將他們一視同仁。第二，成功的銷售不在於銷售員自己有多厲害，而在於讓客戶覺得他們很厲害。客戶自信提高後，自然會給你想要的回饋！

　　第四段經驗，或許不算打工，但也值得一提。有一年社區辦跳蚤市集，大家把不要的東西拿到中庭拍賣或交換。我家也擺了一攤，而且我還莫名成了當天的銷售王！不但把自己攤位的東西賣光，鄰居小朋友見狀還把他的玩具拿來我的攤位寄賣，最後整個市集只有我的攤位前面擠滿人，而且充滿笑聲。整件事情現在想起來都很爆笑！

　　話說一開始，逛的人很多，買的人很少，畢竟是跳蚤市場，拿出來的都是雜物舊貨。但到了下午我漸漸發現，會場上出現很多外傭，大概是家事忙完了出來逛逛。她們逛攤位時的眼神，讓我覺得這群人才是真正的買家。為了趕緊把存貨銷出去，我做了一些調整：首先，我把每項產品大大地寫上標價，讓他們一目了然，不用害羞地說中文詢問。第二，我主動用英文跟他們交談，甚至問她們的名字，跟她們閒聊。如果有人拿起貨品猶豫不決，我不會降價，

但我說如果妳買，我就多送妳一個喜歡的東西，自己挑！結果就靠這招讓整個場子熱起來。除了老闆親切帥氣，價格划算，贈品還限量，於是我成為「第一個打入東協的台灣舊貨商」，攤位瞬間被外傭擠爆，當然商品很快就空了。隔壁的小弟看到後十分震驚，馬上把玩具和他爸爸的高爾夫球放到我的攤位上寄賣！

　　我是個工程師，之前從沒賣過東西，所以這件事我學到的可多了！外語很重要是其一，產品的定價與促銷、與客戶的親切閒聊都是銷售的關鍵。但最重要的是：一旦你能了解特定客層，取得客戶信任，其他廠商都會願意來跟你合作（就像那位寄賣小弟）。

　　這些打工經驗，乍看之下與正職的關聯不高，但卻對我的工作哲學帶來深遠的影響。在職場十多年的感受是：工作的本質其實非常單純，那就是：「透過幫助他人，換取生活所需，彰顯自我價值」。這是一個持續不斷的循環，當你自己的價值凸顯了，就會有更多機會幫助別人，助人後取得報酬，獲得成就感，進而又彰顯出自我價值（這是為何強調要有收入的原因，因為這才是工作的本質）。

　　但我們工作久了，難免會忘記工作最原始的意義。我們想要社會的肯定、希望公司分紅配股、想著辦公室政治，越想越煩，越想越迷失，進而懷疑自己朝九晚五的意

義，緬懷早已消逝的熱情，離工作的本質越來越遠。這時唯有「重新開機」，才能讓我們回歸最原始的設定！

「重新開機」並不是放下工作，出去大玩特玩，那是逃避，最終還是得回來面對工作。我們該做的是利用下班時間（或待業時期），花幾星期或幾個月的時間，去當店員、當服務生、當工廠助理，最好直接接觸顧客，直接做產品生產的基層工作，可以的話，最好與原本的工作相異，並且與你的興趣相符。透過最簡單的勞動，感受客戶的溫度，觸摸真實產品，藉此賺取酬勞，獲得成就感，找回工作最原始的美好！

厭倦工作在所難免，我的建議是：給自己一個機會，找一個幫助你回歸工作本質的兼差或短期工作，讓自己重新掌握工作充實感。在收入不中斷的狀況下，說不定你會重新燃起熱情，找到自己新的天賦。我認為這才是大人版的壯遊！

8.

轉職是為了追尋理想，還是為了逃避？

　　我成為職場作家後，來詢問轉職問題的朋友也多了起來。面對這類問題，我有個 SOP：首先，我會先專心聽完對方的陳述，然後反問對方換工作的動機是什麼（第一個問題）；了解動機之後，再將動機細分為兩類：是「逃」或是「追」。

　　如果轉職動機像下面這樣，就是「逃」的動機：

　　「我現在的公司有 X、Y、Z 等問題，讓我充滿無力感。我受夠了，所以決定去另一間公司！」

　　至於「追」的動機，則是像這個樣子：

　　「我在這間公司已經得到了 A 跟 B，但是想要的 C 這裡卻沒有，所以打算去另一間公司！」

説到這裡，各位不妨猜猜看：在我接觸過的案例中，想「逃走」跟想「追尋」的比例各是多少？

　　我可以告訴你，大概是九比一。多數人離職是在逃避他不喜歡的東西，很少人是出自於個人的追尋。這也就是為什麼當我問出第二個問題：「你期待從職場中獲得什麼？」對方常常一下啞口無言，或開始低頭沉思的原因。

　　當遇到危險、或令人不悅的事情，「逃開」通常是大腦的第一直覺，這也無可厚非。遠古時代的祖先遇到森林大火若不懂逃跑，我們也不會活在地球上了。但有趣的是，總有幾個勇敢的祖先，願意冒險再回去火場探勘，於是發現了「火＋兔子＝烤兔肉」還有「火＋土地＝肥沃土地」的契機，人類才因此有了文明，主宰了地球。其實逃避這件事本身還好，「一味逃避」才是個問題。**當逃開不想要的東西後，我們能夠從過程中獲得什麼？這才是讓我們成長與進化的關鍵。**

　　回頭看轉職這件事。為什麼有人會不斷地換工作，卻又不斷地抱怨？主要的原因在於，他們的轉職都是基於「逃避驅動」：遠離豬頭老闆、逃避機車同事、擺脫澳洲客人（奧客）、脫離夕陽產業……，卻從未認真想過自己到底在「追尋」什麼。所以好不容易擺脫了爛老闆，結果新工作卻出現爛客戶；逃離了爛客戶，卻又掉進爛產業；逃

離爛產業，老闆、客戶、同事也都過關，卻要整天加班趕訂單，於是再度抱怨快爆肝，那不是自己要的生活。像這樣的循環，理論上要等到「完美的工作」出現才會停止；但我擔心的是——這天永遠不會到來。就算來了，恐怕還是會抱怨這份工作沒有挑戰、好無聊！

說起來，以「逃避」作為驅動力的轉職，其實是一場「扣分賽局」：當事人把心中理想的工作設定為 100 分，只要看到不滿的地方就開始倒扣。但這是一個永遠無法令人滿意的遊戲，因為一份看似完美的新工作，真正踏進去用放大鏡觀察後，一定會發現更多缺點。所以每個選擇最終都會差強人意，當事人將不斷繼續追尋根本不存在的 100 分，直到自己不再有任何選擇能力為止。

相反地，以「追尋」當成驅動力的轉職者，**首先能夠認清「沒有完美的工作，只有適合的工作」，然後對「自己想要什麼」這件事下工夫。**他會將職場視為一個「加分遊戲」：初入社會時或許分數很低，但一路上只要穩健地達成一個個小目標，就能一點一滴地加分。面臨轉職時，他會在意的是新工作能否帶來新的體驗、達成新的目標。如此一來，只要就職後能獲得當初期待的好處，就算是加分。這時職場上難以避免的小缺陷，也就沒那麼重要了。

如果你正在面臨轉職的選擇，我會建議你不妨先靜下

心，花個 30 分鐘，拿起紙筆，分別列出「想避開的舊困擾」以及「想追尋的新目標」，項目越多越好，內容越明確越佳。然後評估一下，這次轉職是「逃避驅動」，還是「追尋驅動」？我認為，想「追尋」的東西至少要比想「逃避」的東西更多才行。否則一不小心，很容易就會掉入不斷逃避的輪迴當中。

莊子曾經說過一個故事：有個人很害怕自己的影子跟腳印，為了擺脫它們所以選擇逃跑。結果跑得越快，影子也跟得越快，地上腳印越來越多，讓他更加發足狂奔，最後終於過勞而死。這人根本不知道只要躲在樹下，影子就會消失；只要能好好坐著，就不會有腳印了！（本段原文出自《莊子·漁父》：人有畏影惡跡而去之走者，舉足愈數而跡愈多，走愈疾而影不離身，自以為尚遲，疾走不休，絕力而死。不知處陰以休影，處靜以息跡，愚亦甚矣！）這寓言的主人翁雖然聽起來很白痴，但職場上還真有不少人是這樣逃避工作的！

關於工作上的去留，往往沒有「該」或「不該」這種標準答案，而是要看每個人的心態，以及有沒有仔細思考過自己想要什麼。如果只是單純想逃避眼前的困境，都只會讓自己無法繼續成長，而且這困境還會重複出現，不可不慎！

9.

如何選擇
正確的轉職時機

春節期間，往往會聽到許多朋友聊起想換跑道的想法。這裡有個值得探討的問題：年後真的是換工作的好時機嗎？

其實我常常建議身邊的朋友，換工作最好不要選擇在過年後。尤其當你換工作的原因是覺得工作無趣、或未來的成長性不高時，更不該在這時候換工作。

你或許會納悶：「這是什麼道理呢？」

如果你是上班族，請先想一想：為何年後企業會釋出大量職缺？答案很簡單，因為有很多人準備領完年終後再離職！但這時就有另一個問題出現了：為何不在領到年終之前就離職呢？

這答案也不難，因為大部分的人都覺得「不甘心」，所以一定要先拿到年終再說！這些人的工作往往沒有什麼嚴重的問題，沒有非得急著立刻離開，頂多就是工作有點累、有點無趣、主管有點機車而已。但畢竟業務已經熟悉了，薪水也馬馬虎虎，乾脆就多撐幾個月，拿到年終獎金後再走人。換句話說，年後釋放出來的職缺，很可能大都是這些食之無味，棄之可惜的「雞肋」工作！畢竟原來的主人就是這樣拋棄它的。

這時換工作，常見的下場就是：好不容易跳離一個無趣的坑，又馬上跳進別人留下的另一個坑。無奈地忍受一兩年後，又再次進入「等拿到年終我就要離職」的循環。寶貴的職場生命，就浪費在這類無附加價值的轉職上。

相對的，有些較有策略的朋友，每次轉職都有驚喜與升值。因為他們做了不同的選擇：在年中冷門的時段離職或轉職。因為這時間點釋出的職位有個特色：不是極度有趣、極度挑戰，就是極度辛苦、極度苦悶。

為何這麼極端呢？因為這個時間點釋出的工作，往往是原來的員工因特殊狀況離職。例如被別家公司挖角，或因為事故無法繼續工作（如受傷、生病等）。所以當事人很可能本來沒有離開的計畫，但不得不這麼做，所以公司得急忙找人。這時候就算你的條件稍微不符，或是薪資要

求略高，也有可能被對方接受。另一種狀況是，因為公司突然有擴張的需求，例如某個商業機會出現，讓公司打算擴張部門、開創新的事業群、成立新的專案、甚至外商來台設點或區域辦公室等等。像這樣的機會，時效性通常很短，不會留到年終發完之後，而且條件往往很好。

只要是因為上述兩種狀況所產生的職位，都可能很有趣、並且很有發展性。有些朋友就因為碰上這樣的機會，不僅薪水三級跳，甚至掛上一個很棒的頭銜。如果本人夠努力，能好好把握這個機會的話，下一份工作就更容易大幅往上跳級。

不過，年中釋出的職缺，也可能有另一種極端的狀況，就是這間公司真的太糟糕，把人操到爆或是發不出薪水，所以員工選擇走人！若發生這種狀況，公司也會重新開始找人。不過像這類公司，只要求職者稍微有點警覺，大多可以在面試階段避免掉。即使沒躲過，進公司兩三個月後也會發現真相。縱然有些損失，幅度也不大，想離開都還來得及。

我並不是教大家一定要放棄年終獎金，只是想提出一個「當大家都在轉換的時刻，挑到好缺的機率比較低」的觀念，也就是「人多的地方不要去」。年後的轉職潮，乍看之下機會多，但有很多是別人不要的雞肋。年輕時間多，

雞肋工作或許多少能帶來歷練。但年紀稍長的上班族，避開轉職旺季，找到一個如火箭般升空的位置，豈不更好！

能領年終固然不錯，但也該思考中長期的規劃，思索自己想選擇什麼樣的人生：是平穩、無趣，每次轉職都微微加點薪水的工作；還是想找充滿挑戰、可以大幅拉升等級的工作？

如果你老是自怨自艾，說好運怎麼都沒掉到你頭上？怎麼別人都能找到特別的好機會？那或許你也該想想，自己是否只是重複做著大部分人做的事情？所以只能在平凡的職缺中從這個換到那個？如果你總是只待在人多的地方，好運降臨當然就難得多。

但如果你想接下一個充滿挑戰、千載難逢的機會，嘗試不一樣的人生旅程，年終有時候是必須投入的代價，畢竟人生所有事情都是靠等價交換來的。當你獲得某些機會並成長之後，再回過頭看，就會發現當初的代價根本微不足道。只因為當下那是你擁有的全部，覺得就此放棄會很痛；可是放手、得到更多之後，就會覺得當時的自己實在太膽小了。

有捨才會有得。轉換工作，也是一樣的道理！

10.

該去大公司或者小公司？
該選好制度還是自由度？

　　偶爾參加青年朋友的聚會時，常被問到：「我該不該選擇制度很明確的公司？」

　　確實，出來工作一段時間後，你會發現有些人常嫌自己待的公司制度不清、升遷不透明。如果能去一個有規模、有制度、有很多人、大家分工明確的大公司（就像偶像劇常有的那種規模的公司），日子好像就會順遂很多。

　　我得先說，這個假設是有問題的。

　　第一個問題在於，我其實不相信有公司能夠做到完美的明確分工。當然，基層工作可以被明確定義，但隨著位階越高，難免有很多事情會在灰色地帶中，所以無論是什麼工作，一定有部分是制度無法涵蓋的。

再來，我認為很多時候，制度明確未必是好事。我甚至有個偏見：如果你是一個能力不錯的年輕人，除非你很清楚自己進入某大公司的目的（如我這篇提到，有什麼想累積的成就），不然規則對你而言等於是限制，並且禁錮了你的可能性。換言之，如果你自覺能力不錯，卻缺乏家世背景撐腰，在職涯的某個階段，其實可以考慮去個有潛力的中小型公司試試看。

能力強者進小公司，一兩年後你會看到答案

如果你對自己有自信、年輕、能力不錯、學東西快，建議你最少進一次那種「根本上缺乏制度」的公司。像是許多新創團隊，因為仍在摸索商業模式，方向常常大轉彎。或是人數不多，老闆趁風口賺了錢，但是在其他層面還顧不上（例如累積了很多管理債或是技術債的公司）。

為何該去這種公司呢？

因為規則不明確的環境，就有灰色地帶。你若願意「攬」事情，你就能包山包海的做。你可能會疑惑：「攬事情有什麼好處？」好處可多了。最大的好處在於：你若先出聲攬了，那接下來這份工作就會一直是你的了。

有人看到這兒可能會更疑惑：「我去攬下一個之後很可能會擺脫不掉的工作，這不是很笨嗎？」

不，這一點都不笨。很多人忽略了一件事：當你攬下了責任時，同時也攬下了權力。比方說，你攬下了出去提案的責任，將來很可能都是你來代表公司對外，就會有很多曝光機會。你攬下了找尋供應商的工作，之後供應商的名冊就在你手上。你攬下了幫忙算薪水的工作，公司的成本機密你就都了解了。你攬下了協調的工作，任何工作的調度與分派，大家就得聽你的。

換言之，在一個沒有制度的公司，只要你願意攬事，很可能沒過多久，你就是公司的中堅份子了。當你不可或缺時，能施展的空間就會放大。將來哪一天公司做大了，你就是核心元老。行政能力強的，之後就會變成 COO；交涉強力強的，哪天就是業務總監；規劃能力強的，策略總監或是專案總監的位子就等著你。總之，只要這間公司蒸蒸日上，你這投資一本萬利。就算退一萬步，公司沒起來，這段時間你累積的工作資歷，別人偷不走。但是同樣時期跟你一起進了某大公司的人，搞不好還在分發文件，或是幫忙跑用印流程。

大公司，適合兩種能力極端的人

一種是你的背景好、能力強、學歷高又很有野心，那麼大公司擁有的資源，能讓你經歷更大規模的案子，並掌

握他人無法取得的視野，這確實是一種能快速累積資歷的選項。但我得說，在大公司能快速被重用者，其數量鳳毛麟角、萬中選一。如果你是那種能力好，但沒有背景的人，在大公司就得辛苦爬上去，以時間換取位置。最後可能會換得不錯的位置，但就效率而言，這種直球對決實在沒有意思。

另一種極端，是自認能力不好的人。如果你覺得自己不太聰明、無法主導事情，很希望有人告訴自己做什麼就好。此類型者，若能進入大公司也是一種很棒的策略。尤其是找到一個制度嚴謹、分工細的地方就更完美了。因為分工細，負責的事情就單純。事情單純，若能持續執行一段時間，結果也不會太糟。忍過一開始，就能不被別人發現能力不足。多餘責任就盡量推走，把自己分內工作練到熟，也能平安度過一段時間的。

換句話說，能力不好的人，該避免進入規則不明確、灰色地帶多、常常需要判斷跟協商的地方。因為負責的範圍大，你的判斷能力就很受到挑戰。出包個幾次，很可能三個月不到就被大家發現真正的能力狀況，這就危險了。

我的職涯經驗談

回顧以往，我一直很慶幸在我工作的第四年，我從一

間大公司換到了一個小公司。

一開始，我所服務的大公司是德商與荷蘭商合資的公司。背後主導的德國公司，在德國當地是最大的營造公司，在台灣雖然不算很大，但成員超過千人。而且這種規模的外商公司確實是制度嚴謹、分工明確、流程清楚。

大公司裡，我算是如魚得水。因為我的政治察覺度算高，一下子就搞清楚各從屬關係，以及馬上理解怎麼判斷工作的輕重緩急。重要的我立刻處理，不重要的我丟著不管。比方說老闆交代五件事情，不知道為何，我就是能馬上意會出哪一件事情是最重要的，甚至可以辨識出其中有兩件事情就算我根本放著不管，也會有別的部門自己接去做（因為它們比我更急），至於剩下的兩件事，做個 60 分敷衍了事就行。因為制度明確，工作切分清楚，所以可以輕鬆地躲在我的工作範圍內。

大公司的制度的確讓我過得很爽，可是三年後，我發現沒累積到什麼經驗，才驚覺這樣過日子不對，也才開始認真思考自己的職涯策略。之後，我換了產業、上台北工作、學新技術，疲累了一大段時間，才成功累積了新東西。

那次轉職進小公司倒也沒有刻意。但進去之後，我改變了思維，認定該累積真正的能力，所以老闆丟來的事，我全不推卻。也因為小公司沒制度，我願意接起來做，後

來這些工作就自然而然地都交付給我。當時沒想太多，只希望盡快累積實力。也因為這樣，多了責任，也多了權力。然後，在那間公司裡，我很快就掌握了重要的技術、能力，並常常被派出去做簡報、提案、上課，甚至實際去客戶端當顧問。老實說，我這幾年賴以為生的技能，大半都是在那裡養成的。

結論

你會在哪裡發光發熱？全都要看適不適合。因為我自己兩種環境都待過，所以我才會建議，選擇什麼環境，其實取決於你自己的能力適合在哪邊發光發熱。如果你有在大公司嶄露頭角的背景與強大的實力，那當然去大公司會是一條好路。可是如果你跟我一樣，來自於一個平凡的家庭，又不善於社交，在大公司很可能完全被埋沒。

台灣的好處在於大部分的企業還是中小企業。你只要能力不差，又願意做事，通常都能在這樣的地方掌握資源、受到重用。這種策略其實也是一種可以快速累積實力的策略。

但無論如何，請不要幻想有任何地方能把所有規則都訂清楚，能把職位的功能都寫明白，能把升遷管道都透明化。如果有，肯定是個競爭激烈的環境，你很可能只能在

長長的隊伍後，慢慢排隊，然後疑惑「為何永遠升官的都不是我」。

　　因為機會，永遠是靠能力，或者亂世介入，所取得的報酬呢。

11.
轉職與創業時，
如何獲得父母的支持

當我們面臨創業或轉職的選擇時，除了釐清自己的目標策略之外，還有一個重要的問題要搞定，就是獲得家人的支持。尤其學生和社會新鮮人，常常因為遭遇父母的質疑或反對，導致悶悶不樂，甚至放棄原本的計畫。我們就來談談該如何處理這樣的問題。

讀高中時我就有種感覺：父母是一種很矛盾的生物，至少在子女面前常常如此。華人圈的父母都期待孩子能夠出人頭地，比自己更優秀、更成功。但是當孩子想要踏上與父母期待不同的道路時，他們又不斷地勸誡與反對。當時我心裡很不解：如果我每一步都照著父母的想法走，最後豈不是只能到達同樣的地方嗎？要我變成一條龍，卻不

准我飛；要我飛上枝頭當鳳凰，卻只准我在地上啄米，這實在太矛盾了！

我花了不少時間思考過這個問題，後來心中有了解答：父母這樣的心態，其實源自於這個角色的天職，那就是「保護子女」。除了保護子女不受危險侵害之外，其他的需求（例如功成名就、發大財）都是次要的。

就生物學的角度而言，兒女可說是父母存活的終極目的，也就是繁衍後代的「成果」。網路曾流傳一段母象搶救跌倒小象的影片，非常感人，動物尚且如此，人類父母保護子女的意志更是不在話下。為人父母者的心中，時時刻刻都在憂心孩子的安危，這是毫無妥協的第一要務。當子女滿腦子想的是創業或轉職能有多棒的發展時，這些在父母眼中卻都是次要的，**他們最關注的是，你選擇了一條他們不熟悉，並且無法確保你安全的路**，這才是父母最敏感的那條神經！

這就是父母與子女在生涯選擇上的思維差異：**孩子做決策是「價值主導」**，因為我想獲得某些價值（成就、機會、理想等），所以選擇創業或轉職；但**父母的決策是「風險趨避」**，他們難以忍受孩子要面對可能的危險和失敗，所以往往會極力勸阻。雙方從完全相反的觀點來看事情，所以這樣的爭論非常難有共識，除非有一方能從對方的角度

出發，試著滿足其需求。

　　具有經濟優勢的父母，最常使用的一招就是給孩子一筆錢，或安插一個職位，讓他在父母能掌控的範圍中，滿足其冒險與自主的欲望。這其實就是嬰兒床的放大版，把孩子圍在固定的範圍中活動，將風險控制到最低限度。父母這種做法其實無可厚非，某種程度滿足了子女想要的自主，也滿足了父母對安全的渴望，但子女在整個局勢中是完全被動的。

　　不過我奉勸年輕朋友，如果你想真正「轉大人」，就該跨出安全舒適的嬰兒床，化被動為主動，讓爸媽放心，滿足其「風險趨避」的首要需求，你所期待的價值對他們來說才有意義。該怎麼做？讓我們看下去。

　　請想像一個場景：你正坐在公園湖邊的長椅上休息，湖面上長滿了荷花，有個男人緩步走向湖邊，並且蹲下來仔細觀察。你可能會好奇這男人在觀察什麼？他是攝影師？還是植物學家？說不定你也會順著他的眼光看去，試著搜尋有趣的東西。但我們把場景改變一下：你一樣坐在湖邊長椅上，但這時有個兩歲左右、包著尿布的幼兒，搖搖晃晃地往湖邊走去，就在快到湖邊的時候，他突然蹲了下來，仔細看著荷花……想到這裡，你可能心裡一驚：危險啊，掉下去還得了！

這個幼兒到底想看什麼，也就完全被忽略了。

為什麼換個角色我們會有完全不同的感覺？因為幼兒相對於成人來說，我們會認為他：

1. 不懂眼前的危險

（只顧著看花，不知道掉進水裡會溺水）

2. 控制自己的能力不足

（連路都走不穩，平衡感當然不足）

3. 無法從危險中自救

（就算水很淺，一旦落水也爬不上來）

這正是父母看我們的心情。所以成熟的你，不應該跟他們互嗆，而是針對以上三點，提供必要的「安全感」。

策略一：爸媽怕我不知危險？那就提供風險預估

我們在父母眼中，就像那個不知危險的幼兒。父母深怕我們不知道：創業有多艱難？要花多少錢？轉職後會不會找不到工作？薪水有多難賺？如果我們能事先做些研究，把創業或轉職可能發生的風險（注意，別光講好處）先講清楚，讓父母知道我們並非天真無知，很清楚知道自己在做什麼，甚至比父母知道的更多，最好能加上一些數字的預估，還有停損點的設定。例如：我最多給自己「一年」的時間創業，若失敗就回來上班；若轉換跑道找不到工

作，一年只要「15萬」的生活費也能過下去之類的評估。一方面讓風險有明確的範圍，不會那麼恐怖；也讓父母感受到，你很清楚眼前的危機，不是只有他們瞎操心！

策略二：爸媽怕我能力不足？那就展示執行計畫

這也是許多年輕人最弱的地方。在父母面前大談理想，卻說不清楚該如何執行。平常自己的作息與生活都處於失控狀態，要如何說服父母可以實踐理想？想想也實在不能怪爸媽操心！

補救的方式，就是好好擬定一套執行計畫，越清楚越好。想創業就說明：怎麼找錢？怎麼找夥伴？如何小規模嘗試？階段時間表在哪裡？想轉職也要說明：新職位的方向為何？打算如何著手？自己的優勢在哪裡？有沒有可用的人脈？就算爸媽聽不懂專業細節，也要不厭其煩地講給他們聽。父母就算沒有真的聽懂，也會感受到你是「玩真的」，而且「長大了」。就算你獨自踏向未知，他們也會相信你能踏著穩健的步伐前進。

策略三：爸媽怕我深陷危機？那就說明應變方案

對人生中的各種冒險，我認為較成熟的心態是說明「就算失敗了，仍有能力站起來」，而不是一廂情願地強

調「計畫絕對不可能會失敗」。與其向父母證明決定有多正確，不如說清楚已經想好了失敗後的應變方案。不但證明自己已有失敗的心理準備，且有能力承擔其衝擊。因為你的身體與心理安危，才是他們最重視的。若發現你早已想好了 B 計畫與撤退計畫（Fallback Plan），他們的憂慮自然會大幅減輕。

　　其實以上三點，原本就是成熟的大人應該做的。很多時候我們看似遭受別人的反對，但問題癥結還是在自己身上。這也是接下來我想談的：你應該捫心自問，父母反對真的是停滯不前的主要原因嗎？還是你把它當作「退回舒適圈」的藉口？

　　就拿大學時代的我來說，要是認識了一位可愛的女生，很想和她做朋友，我會想盡各種方法與她接近，和她聊天，試著約她出來……腦中可能出現各種念頭，但就是不會想到父母的意見！同理，若這個女生怎麼樣都不肯跟我出去，理由是父母不准她交男朋友，我會解讀成她對我根本沒興趣，只是拿父母當藉口。畢竟當我們遇到極度熱愛的人事物，多半不會徵求父母的同意，有盡事後告知的義務就不錯了。反而是自己躊躇不前時，才會想到拿父母來當擋箭牌。

所以，面臨人生的重大轉變，只要自己有好好想清楚，總有說服父母的方法，除非——你的理性還沒真正說服你的恐懼。

人生態度
的選擇

1.

讓自己容易快樂
的五個生活態度

　　這幾年台灣社會充滿了抱怨與不平的心情。很多人認為主因在於大環境不好、政府施政不佳，導致整體幸福感降低等等，而感嘆自己其實無力改變，只能默默承受。我覺得這種一味把幸福寄託在政府與他人身上的思維，實在太過被動。如果我們重塑看待世界的態度，其實可以直接改善我們的幸福。

　　我自己有五個原則，幫助我在面對挫折與挑戰時，像燈塔一樣提供清楚的希望與方向，能夠重新以更積極正面的態度迎向人生。它們分別是：

一、選擇那個讓你更自由的選擇

「快樂」有個重要的關鍵,就是你擁有多少選擇的自由。面對任何人生決定最關鍵的思考點,就在**決定能讓未來擁有更多的選擇,還是更少的選擇**。例如每個月收入明明只有三萬,卻勉強自己買千萬等級的房子,雖然擁有自己的家,但也意味著將失去隨意轉換跑道的可能。所以當眼前出現薪水不錯的工作,但發現未來前景堪慮,也很難有發揮空間時,我就不會投入。我們不應該為了短期的利益,犧牲掉長期的自由度!包含職涯發展、財務投資或人際關係,我都是用同樣的原則來思考:任何選擇必須拓展未來的彈性,不該因為任何理由而縮限自由度。

二、訓練自己不依賴他人

依賴別人的話就得看臉色。別人心情好時會幫你多一點,但心情不好時你就得低聲下氣。所以減少對他人的依賴,就是通往自由的開始!

我們活在一個分工細膩的社會,當然不可能什麼都自己來。但我會用一種折衷的方式,就是當需要依賴別人的時候,會以「交換」為前提。盡量減少依賴人情,而是以互惠合作或雇用的方式來進行。

這些年來我的體會是：以平等交換為前提的人際關係才能走得長久和愉快。這裡所謂的交換未必是金錢，也可能是貨品或任何服務，總之就是付出一些對方覺得有價值的東西，來換取自己想要的。

透過平等交換而非依賴求援，還有幾個額外好處。一旦你預設找人幫忙得付出成本時，就會直接找該領域的專家，而不是從親朋好友中找個業餘角色。當這樣的關係成為「商業交換」，你就有權利提出「合理的要求」。但如果找的是親友，難免會不好意思進行監督或要求，最終很容易得到差強人意的成果，而且還欠對方一個人情。

三、對別人好，但不要預期回報

「期望破滅」往往比一開始沒有期望更容易讓人沮喪。例如辛苦幫助了他人，心中一直期待對方的回報，但後來卻沒有發生，此時這人就會開始後悔。因為不幫還好，幫了反倒期望落差更大！

當有人向你求助時，你若想幫就幫，有困難就直說，別勉強幫忙卻又期待對方會感激與回報。最好的方法是，幫忙之後直接認定對方「記性不好、鐵定忘記」。如果時時刻刻都在意自己幫過誰、誰該回報、誰該感謝，那就很容易陷入負面的情緒中。

四、預設最壞的狀況，不過度樂觀

過度樂觀的人常常是最快被現實打敗的人。我自己是做專案管理的，經歷各種意外後，根本不相信這世上有所謂天衣無縫的計畫。更何況人們面對自己期待的事情，總是過度樂觀，時常假設意外不會發生，所以計畫做得草率至極。努力做的計畫都未必靠譜了，更何況草率應對的計畫？當現實與計畫稍有落差時，挫敗感就會來襲！

我自己覺得最實際的人生態度，就是盡量把未來想得悲觀一點，最好把所有可能的壞狀況都想過一輪，並且問自己：如果這些壞事發生的話，我還有辦法東山再起嗎？

舉例來說，如果我想開間咖啡廳的話，我不會幻想生意如何興隆，反倒會先做些糟糕的假設。我會自問：如果開業三個月都沒什麼客人，這樣我能承擔嗎？這機率似乎是有的。所以就會督促自己繼續想：我該準備多少錢當準備金度過難關？我該預期低潮持續多久？我該花多少時間建立顧客信賴？這些悲觀的問題，並不是潑自己冷水，而是督促自己開始做研究、收集情報，避免自己的一廂情願或是過度樂觀。認清現實後，我們自然會把商業計畫做得保守一點、盡量加強準備。等店真正開張了，預期的壞事沒有全部發生時，反倒會開心快樂地面對一切。

五、從哪裡跌倒，就從哪裡爬起來

碰到失敗挫折、被別人欺騙、拒絕、傷害，都會讓我們失落、痛苦與挫敗。但世上就是有些不凡的人，在經歷痛苦之後，反倒能展現出一種「積極性」：他們毅然停止自怨自艾，開始問自己：我能不能做些什麼，避免同樣的事情再度發生？失敗雖然有痛苦的外衣，但卻有著珍貴的核心，那就是「教訓」！

例如某天在工作上被老闆斥責，心裡很不是滋味時，那我就得回來好好想一遍，下次再有類似的事情，我該做哪些處置。答案可能是早一點回報老闆、早一點去催承包商的進度、先把合約讀清楚、或是訓練溝通能力。總而言之，一定有些什麼是可以強化的。如果能把這些地方一個個找出來，改造自己，下次就可以避免同樣的問題。

最糟糕的態度，就是把問題「外部化」：都是老闆或客戶不對、都是政府沒盡到責任、都是財團欺負我們、都是男人好色或是女人愛財。如果要把問題外部化，永遠可以找出無數的理由及對象責怪，但這些都無法避免下一次的問題發生！若是無法跳脫這樣的思維，就只會重複在同一個問題上跌倒，最終的後果，還是只有自己來承擔。

2.

讓我頓悟人生
的兩個秘密

　　人一生的際遇與成就，都是命中註定的嗎？我現在的選擇，10 年後仍是正確的嗎？

　　下一步該怎麼走，才會通往真正的快樂？

　　人生再怎麼絢爛，最後還是兩腿一伸。活著的意義到底是什麼？

　　年過 40，我常不自覺地想起這些難題。尤其開始創業後，就像離開了平穩河道的船隻，獨自駛向無盡的海洋。雖然自由壯闊的風景帶給我「回不去了」的感動，但這幾個與人生選擇有關的問題，仍不時像海上的陣雨，常常無預警地席捲而來。直到有天聽了一場演講，瞬間解開了困擾我的心結：稻盛和夫《人為什麼活著？》。

說起稻盛和夫，一開始我並不熟悉。演講前做功課時，才知道他在日本被尊稱為「經營之聖」。除了白手起家創立京瓷與第二電電兩家企業以外（均為全球五百大），最為人稱道的便是在 2010 年，以 78 歲高齡（當時已退休並出家修行）將日本航空由破產泥淖中一手拉起，在 2012 年轉虧為盈，並且重新上市。

　　美國企業家愛談「競爭策略」，日本企業家則更強調「經營哲學」。不過這場演講談的不是企業經營，而是人生的經營。稻盛在演講開頭便點出了他這一生的體悟，也因為這句話，讓我突然豁然開朗，說醍醐灌頂也不為過。他說：「**所謂的人生，是由兩件事組成的：『命運』加上『因果法則』！**」

　　命運確實存在，我們每個人的際遇都受天生的命運所掌握。有的人天生富貴，得天獨厚；但也有人出身貧賤，連基本的生存需求也難以滿足。然而人生還有另一個因素，與命運一樣決定我們的人生，那就是因果法則。種下什麼因，就會得什麼果。命運是經線，因果是緯線，縱橫交織出我們的人生畫布。

　　會萌生出這個想法，源自於稻盛年輕時讀過一本中國古書《陰騭文》（「騭」音同「至」），當中記載了明朝人士袁了凡的故事。袁了凡年輕時曾遇見一位算命師，推測

他未來的功名，並預言袁了凡將於 53 歲壽終，終生無子。由於算命師對於功名的預言一一應驗，所以袁了凡決定順從命運，只求每天安穩度日。但是 36 歲那年，在寺廟裡遇見一位雲谷禪師，便向禪師說了算命師的事。禪師對於袁了凡的消極不以為然，勸誡他命數其實是可以被改變的，只要能積極地做些什麼，有因就會有果，最終必會走出一番新局。袁了凡受到啟發後，從此積極為善，樂於助人，結果他一直活到 83 歲高壽，並且生了兒子，69 歲時還為兒子寫下《了凡四訓》作為家訓。據說這本書很受日本人的重視，還成為歷任天皇與首相的「治國寶典」。說來慚愧，我是聽了日本人的演講後，才知道這本名著。

原來人生同時被「命運」與「因果」所掌控著。仔細想想，多數時候我們的心境都處在兩個極端，不是「宿命論」，就是「過度樂觀」。

但這世上有人就是長得比我們好看，比我們聰明，家裡有錢不說，連個性都很好，簡直就是真人版花輪，連正常人都難免會陷入沮喪，我們只好搖搖頭說這都是命！畢竟這些條件再怎麼努力也不可能趕上。如果你跟我一樣是創業者，更是天天受到「人生勝利組」組員的轟炸。當你為了付員工薪水還有自己都不太確定的夢想挑燈夜戰時，世上早有成千上萬個 20 出頭歲的小伙子闖出了名號，正準

備開設第 N 家公司，推出第 N ＋ 1 個品牌。「或許我沒有足夠的才能吧？」「看來我命中註定只能當個平凡人？」相信每位創業者在夜深人靜時，都不免懷疑過自己。到底該相信自己？還是相信命運？ To be or not to be, that is a question!

相對於宿命論，信奉「自由意志」的態度則是另一個極端。當我們獲取成功時，眾人的焦點都在我們身上，一時間我們會樂觀地相信，是「我」做出了正確的決定，是「我」建構了這一切成就。那些不及我的魯蛇們，一定是不夠努力才落得如此田地。我已經抓到致勝的要領，只要繼續複製，就能獲得更大的成功。但事實上，成功未必只是自己英明神武的結果，其他的人合作、市場剛好的趨勢以及好運，可能都是其中的一個助力。

其實，過度順從命運，或是一味地信仰自由意志，都是把人生看得太簡單。稻盛和夫將人生這個複雜的議題，用命運與因果來闡述實在太妙了。所謂的命運，就像我們把車開上高速公路，從台北到高雄所需的時間幾乎可說是註定的。只要我們待在路上，行控人員就像算命者一樣，可以根據當時的流量、前方路況、氣候等因素，精準判斷出我們到達的時間。然而，操縱方向盤的是我們，我們可以下交流道改走省道，可以下車改搭高鐵，甚至可以冒險

超速走路肩。種下什麼因，就得到什麼果，在命運的預設框架外，人生仍有我們能夠掌控的選項。

嚮往成為模特兒，但身高不足一米七，長相不夠標準，這就是命運，怨天尤人怪父母也難以改變事實。但只要真的有心，說不定有天你能成為時尚教主，開間經紀公司，讓成群的模特兒為你工作！

羨慕賈伯斯、郭台銘、馬雲所成就的霸業嗎？我相信那是結合天時、地利、與機緣而成的火花，就像森林裡的千年神木一般，可遇而不可求。但我也同時相信，只要目標明確，持續灌溉，終有一天就算沒有神木，也能培育出屬於自己的花圃。

稻盛最後舉了個有趣的比喻：宇宙在 137 億年前，也只不過是個拳頭大小的團塊，經過大爆炸與不斷膨脹，才形成了現今的局面。他相信整個宇宙有持續往正面、繁榮方向發展的趨勢，只要態度積極，心存良善，順勢而為，我們個人與全體人類一定會越來越好。

我想這應該是截至目前為止，對我一生影響最大的演講，這包含了一位企業家的人生體驗與智慧。希望稻盛和夫對生命的詮釋，能夠像感動我一樣，也為你帶來啟發！

3.

人多的地方不要去
v.s 順勢而為

　　網路的發達，讓人類從「資訊貧乏」變成「資訊氾濫」。以前的人不知如何做選擇，是因為資訊太少；現在的人則是因為資訊太多太雜，無從下手。有句諺語說：沒戴手錶的人不知道時間，手上有太多支手錶也不知道時間！

　　有次參加演講，聽眾問了主講者一個好問題：「很多成功者都鼓勵年輕人不要盲從，應該走出自己的路，也就是所謂『人多的地方不要去』。但也有不少人建議年輕人，要多觀察局勢變化，說『順勢而為』才是王道。請問這兩個看似矛盾的概念，到底哪個才是對的呢？」

　　我聽到這個問題時整個愣住了，連主講人如何回答都沒留意。接下來好幾天，腦中一直不斷在思考這個問題。

確實，在我們面對人生的選擇時，應該要勇敢走自己的路，而不是一味盲從。但這樣說來，豈不是要大家違背潮流？可是，逆勢而為也並非我所提倡的觀念，畢竟「看清局勢，找出阻力最小的路」往往是最好的策略。因此面對人生難題時，「走自己的路」與「順勢而為」，似乎是兩種矛盾的選擇，也讓我百思不得其解。

直到有天我去參加另一門課程，老師說的另一個故事讓我豁然開朗！（上課與聽演講確實有助於思考）老師提到她在印度旅行時，看到一群漁夫在海邊撒網捕魚，眾人辛苦了數小時，卻只撈了幾條不到十公分的小魚。和漁夫閒聊後才知道，原來這個漁場已經多年沒有足夠的漁獲量了，大家日子都過得很苦。老師忍不住問漁夫：「為什麼不去別的地方捕魚，或是用別的方法捕魚呢？」漁夫回答：「我們的祖先世世代代都在這裡，用同樣的方法捕魚，我們不想放棄祖先的傳統。」

寧願餓肚子，也不願意放棄所謂的傳統，這還真是人類特有的「頑固」呀！

「辛勤耕耘，就會有收穫」這句話的背後，其實有個被忽略的「但書」：**努力必須用在對的地方，而且還得用正確的方法與手段才行！**好比那群印度的漁夫，他們遵循傳統，堅持靠捕魚維生，這個目標本身並沒有錯；但他們忽略

了自然環境已經改變，沒有跟上科技的進步，墨守成規反而讓他們的生活陷入困頓。或許現在還能堅持傳統幾年，但等到一條魚都捕不到時，想改變也已經過了時機！

所以「人多的地方不要去」與「順勢而為」，兩者到底如何取捨？以下是我的答案：

「設定人生目標時，我們不該盲從或一味追隨潮流，應該從自己的天賦與熱情出發，勇敢朝理想前進；至於目標的執行上，則應該順勢而為，用最有效率的方法與路徑來達成目標。」

我還在讀大學的時候，台灣景氣正好，很多同學都決定畢業後直接就業，或是在國內讀研究所，但我是少數立志要出國留學的人。雖然立定了跟別人不同的志向，但執行方法卻不怎麼高明，導致差點無法達成目標。面對考試時，我的同學都懂得利用中譯本還有考古題來準備，我卻頑固地一頁一頁閱讀原文書，而且堅持要讀通之後才練習考古題。事實上，許多時候我根本還沒讀完教科書，考試就到了。可想而知，這樣的投資報酬率很差，爛成績也讓我離留學目標越來越遠。幸好遇到班上很會讀書的同學給我當頭棒喝，我才開始了解「順勢而為」的重要，甚至對後續的「職場觀」產生決定性的影響。

所以說，「堅持信念」與「順應潮流」兩者，其實並

不相違背。前者是大方向的戰略層次，代表我們應該傾聽自己的聲音，設定屬於自己的目標，不隨波逐流或盲從跟風；後者則是行動上的戰術指導，提醒我們應該把努力投資在對的地方，善用正確的方法，找出阻力最小的路。

你或許聽過這則寓言：有個小鎮淹大水，一位牧師被困住了，只好爬上教堂屋頂祈禱，請上帝派天使拯救他。後來有個人划著皮筏經過並伸出援手，但牧師回絕了他：「不用擔心，上帝會派天使救我的。」

之後，又有一位救難人員駕著汽艇來援救，牧師一樣回覆：「我可以的，上帝會來救我。」

當水越漲越高、牧師幾乎被滅頂時，一架直升機拋下了繩索，但牧師仍然咬牙拒絕：「不用，我的上帝不會遺棄我！」

牧師最終還是淹死了。他上了天堂後，憤憤不平地質問上帝：「上帝啊！我對您這麼虔誠，您為何棄我於不顧呢？」上帝無奈地回答：「弟兄，我已經派了一艘皮筏、一艘汽艇，還弄來一架直升機，你還想要我怎樣呢？」

目標要堅守，手段要靈活，這才是面對人生選擇時該有的態度與原則！

4.

「順勢而為」或是「不去人多處」的四個思考點

　　「人多的地方不要去」與「順勢而為」其實是一體兩面的。該採行哪種策略，取決於自己想扮演什麼樣的角色，還有願意承擔多少風險。

　　或許你可以從以下四個方向來思考：

一、在這個趨勢中，我是賣方、是買方，還是投資方？

　　我的角色是什麼？這個問題，對於選擇的影響很大。

　　舉例來說，我打算買支新手機。但市面上有這麼多種類，該選哪一支才好？撇開習慣不談，假設這是我第一支手機的話，那我會順勢而為：看什麼牌子最多人用、最

多人說好，就決定選什麼牌子。一來大家都說好，不太可能踩到地雷；二來很多人用，表示資源及廠商支援會比較多。但如果選擇比較少人用的手機，相對就得承擔較高的風險，有可能出問題時 Google 半天也找不到答案。所以買東西時，跟著趨勢走通常不會錯。

但如果我是賣方，情況就不同了。當很多公司都在做 Android 系統時，如果你也打算募一筆錢開個手機公司，那得先想想自己有什麼優勢才行。要是沒有的話，往人多的地方走就不是聰明的選擇了。

不過，若我是投資方的話，狀況又不相同了。股票投資應該要順勢而為，而不該接掉下的刀子、不該猜測底部。選擇投資趨勢向上的公司，又會比往下不斷破底的公司來得更合宜。

二、這項趨勢會有飽和的問題嗎？

如果沒有飽和的問題，選擇跟著趨勢走當然好。舉例來說，若我想找個雲端空間來用的話，市面上目前最多人用的包括 Dropbox、Google Drive、OneDrive 等服務。這些服務有很多使用者加入，是否可能有變慢或空間不足的問題？理論上，只要服務商願意投資機器跟頻寬，這些問題都可以解決，而且就是越多人用的，服務才會好、軟

體才會不斷更新、廠商才有追加硬體的誘因，所以在這情境下，確實該選擇比較多人使用的選項，也就是「順勢而為」。但假設某間商店正在打折，門口有一大堆人正排隊等著消費，我就不去湊熱鬧，因為好東西可能早已被搶完，排到累死也沒好處，這時選擇就會變成「人多的地方不要去」。其他像新年期間去看什麼花、去什麼遊樂區玩、集點換限量商品、排隊首賣會等，對我而言也是一樣的意思。

趨勢飽和對賣方來說更是個大問題。之前市場都說開茶飲店能賺錢，如果住的街角附近已經有五家店，平時生意冷冷清清，若也想跳進去多開一間，那就得思考有什麼比他們更強的優勢。若分析後發現找不出特色與差異，加上市場明顯已經飽和，當然就不該選擇往人多的地方走。

三、面對趨勢變化時，我有多靈敏？

如果靈敏度夠高的話，你當然就能去人多的地方搶搶看。尤其投資的時候，更要考慮自己的靈敏度。比方說股票變現快、你資金部位不大、有時間看盤、又有充分的經驗，那當然可以去搶一些短線的趨勢。但若自己投資的商品變現慢，如房地產。加上手上資金有限，能承擔的波動很低。這種情況，不去人擠人或許是較安全的選擇。

四、趨勢轉向時，轉換的成本有多高？ 我有任何轉換優勢嗎？

順勢而為最怕的就是趨勢轉向。如果轉換的成本很低，當然不需要擔心；但如果趨勢轉向時沒有任何備案，而且可能受到嚴重傷害的話，就要特別小心「順勢而為」這項選擇了！

舉個例子，有陣子大家一窩蜂地在考公務員。我如果跟著去考、而且考上了，結果剛好遇到政府組織進行縮編的話，那就得考慮如果去別的地方，轉換的成本會不會很高。再來是判斷有沒有任何轉換的優勢，因為某些位置可能出了這個體系就沒競爭力了。如果預測政府難以保證公務員長期的職務，加上進入後會降低日後轉換的競爭力，我可能就不會去人擠人了。

再舉一個例子：假設我開了一間麵包店，結果最近有個卡通很紅，那我該學別人推出卡通造型的蛋糕嗎？這種情況，我會先分析做這款蛋糕的困難度如何、有沒有授權的法律問題、萬一退流行的話（趨勢轉向）會怎麼樣？假設分析後發現製作簡單，又沒有侵權的問題，就算退流行也能回去做平常的熱銷造型，那當然應該選擇順勢而為！

結論

其實，無論順勢而為，還是不去人多的地方，最大的重點都是「自省」：這項選擇在目前趨勢下有什麼優勢？萬一趨勢停止，我會有什麼樣的傷害？如果評估的結果是傷害小、獲利大，那當然值得追尋；但如果獲益不高，傷害卻可能無限，就不要跟著去湊熱鬧了。

可能有人還是覺得這個概念很難，那我再舉一個例子：假設你是剛畢業的年輕程式設計師，打算成立公司開發自己的手機遊戲，那該如何思考才對呢？

首先，你該想想：自己有什麼優勢？在這個市場有多靈活？能多快讓產品上市？打算怎麼讓大家注意？產品跟市面的遊戲有何差異？市場是否已經飽和？萬一沒人玩、沒營收，影響會很大嗎？能撐多久？如果市場反應不佳，到時還有哪些選擇？如果要轉換到其他跑道，可以去哪裡？要是選擇現在就去，會不會更有優勢？

以上就是把前面四個原則全部想過一遍的做法。思考後可能會得出兩種結論：一種是自己沒有什麼差異，開公司等於是進入一個人多的地方，進入市場不過多個同質性高的東西而已，結果只會被大家淹沒，所以決定不要成立公司。

另一種結論是，覺得自己有掌握某種特別的優勢（如玩法或是技術），而且具有市場性，所以決定成立公司。但是這樣決定會有下一個課題，就是得選擇開發的平台。據說 iOS 的使用者付費意願最高，也有非常大的使用者數量，所以決定優先投入 iOS 市場，那這樣選擇就是「順勢而為」了。

　　上述的例子，代表一個決策中，有可能同時包含兩種選擇。換句話說，「人多的地方不要去」與「順勢而為」，沒有孰是孰非之分。先看自己的角色是什麼，再思考想要什麼，然後從目前的趨勢進行不同階段的判斷。如此就能得出屬於自己的人生策略了。

5.

面對人生的分歧時，
該怎麼做選擇？

　　我一直相信，人生是透過努力來「捕捉好運」的過程。

　　但所謂捕捉好運，並不是守株待兔地期待中樂透，而是做好「風險管理」這四個字。

　　我們不妨把人生當成一個「機率遊戲」：偶爾有好事發生、自然也有壞事降臨。雖然人生的選擇有千萬條路、每條路都通往未知。但大抵而言，還是可以透過「理性的策略」來提高整體的勝率。教我期貨投資的老師曾說過一句話：「入市的重點從來都不在對於行情預測準確，而在要如何看錯時不會死透，但看對時能夠大賺。」人生大部分的兩難，多少都能用這句話來總結。

　　人們對於成功，普遍有兩種認知。

命定論　　　　　**成功**　　　　人生是隨機的偶然

一派相信命運天注定。生辰八字、星座血型、祖先庇佑、前世修行等決定我們一生的軌跡；另一派則是相信人生的一切都只是隨機發生的偶然，如果我們有機會倒退回出生時重頭來過，只要其中幾個選擇不同，人生可能就大不相同。

兩派何者為真？恐怕很難講，事實上也不一定這麼重要。假設命定論為真，那我們其實不用費心採取什麼策略，反正一切都是注定好的，任何行為都不能改變結果（如同前面提到袁了凡所相信的隨緣）。但假設「隨機論」（或稱因果論）為真，那採取策略就可能讓人生的發展有所不同。

我的結論是：我們應該試著思考並採取好的策略來改變人生。如此一來，上天若注定我們的人生，這些策略頂多只是白做工而已；但要是人生真的存在因果，策略就可以為我們帶來價值了！

畢竟人活在世上數十年，聰明的大腦不用白不用，「任何選擇都是徒勞」的「命定論」，我們可以先忽略不計。相對地，若我們姑且相信「隨機論」，面對任何人生

選擇時，就有以下三種選項：

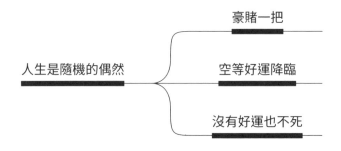

所謂豪賭一把，指的是每每都選擇在關鍵時刻全力一擊、背水一戰，簡稱「賭徒派」。賭勝時或許風光無限，但賭輸時則會難以翻身，不是天堂就是地獄，我個人覺得那叫做有勇無謀。

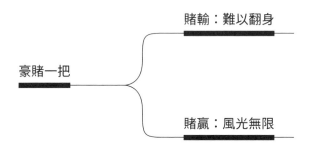

擁有這種態度的人其實並不少見，你我周圍都可能有些這樣的夥伴。比方說借錢去做自己不熟悉的生意、用信用卡預借現金玩股票、或是把畢生積蓄投入不熟悉的領域等等。這些在我來看，都是在執行一場又一場生命中的豪

賭。賭中了,當然快樂又得意;但如果沒賭中呢?砍掉重練,十八年後又是一條好漢嗎?

另一種則是空等好運降臨的策略,簡單歸納叫「作夢派」,也就是幾乎什麼策略也不採行,每天幻想、空等好運降臨。

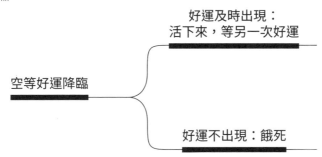

好運及時出現:
活下來,等另一次好運

空等好運降臨

好運不出現:餓死

這種價值觀的人其實也不少見。比方說不願意花時間研究,卻只想聽人講明牌,妄想能在股票市場賺大錢。或是不願意加強自己,卻期待能在職場脫穎而出的。另外還有期待中樂透、夢想嫁入豪門等等。

「賭徒派」的人過度積極,不(願)相信人生有意外,也不去思考退路,他們的結局不是大好就是大壞。「作夢派」則正好相反,基本上啥也不做,純粹等著哪天有好運降臨。

這兩種策略最大的問題在於,只要時間軸夠長,最終一定是失敗的,因為他們的成功無法複製!「賭徒派」或許

在人生當中會贏一把大的，但後面的人生只要賭輸一次，就前功盡棄。「作夢派」的人也差不多，就算被他逮到一次機會，他還是無法複製這個好運；其次，因為平常沒有累積實力，就算機會來了，只要人沒準備好，一手好牌也可能打成爛牌。

而且，光靠好運是無法長久的。美國有項統計：中樂透的人平均七年內就會被打回原形，七年後的財務狀況甚至比原來更糟！怎麼會這樣？因為當你不具備操控好運的能力時，好運不但沒為你帶來好處，說不定還會反噬你。就像腸胃不好的人，給他滿桌山珍海味也無福消受！

「賭徒派」與「作夢派」，都不如第三種策略來得理性與長久：先求穩，再求好！先確保自己能穩健地生存，行有餘力，再逐漸增加風險來追求超額的報酬，或是再冒險追逐更好的機會，我們稱之為「穩健派」。

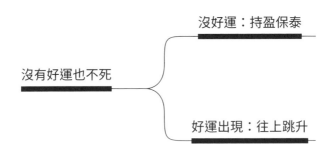

「穩健派」的優勢在於，就算運氣不好、長時間沒交上好運，也不至於餓死；但若出現好運，則能抓住機會大幅躍升。

　　舉例而言，很多人在股票投資上就算統計了大量資料跟做各類閱讀，都只是勉強存活著。但很多「作夢派」不願意學習，期待能靠聽明牌、看報紙，就買到飆股大賺一筆。甚至有人連股票漲跌原理、多空循環都沒搞懂就跳進來，那就真的是莽撞又大膽。而「賭徒派」則會因為某個內線消息或明牌，把全部身家一次梭哈掉。就算中了一次，食髓知味，後面還是會面臨慘澹的開始。

　　那麼「穩健派」的人會怎麼做呢？他們會做足功課，選擇營運好的公司投資，並且以股利收益，而非買賣差價作為獲利目標。若股票沒漲，至少每年能穩穩地拿到股利；若遇上大漲，還有機會出脫獲利了結。所以一開始的起心動念，就決定了最終的結果。

　　人一生中要做出很多次的選擇，不是只有一次定生死。所以唯有「穩健派」的思維，能讓我們持續成長。他們會把可能的風險都想過一遍，確保運氣最差的狀況也還能留一口氣，其實未來只要能沾上一點點好運氣，就能乘風而起。如此的人生態度，何樂而不為呢？

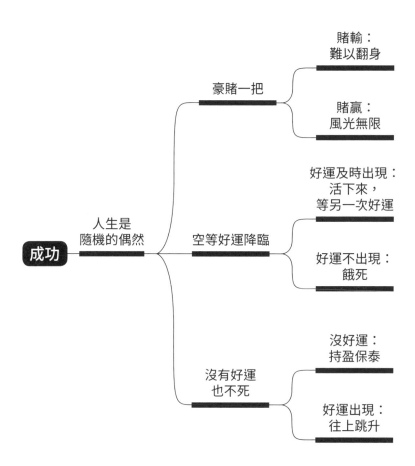

6.

可惜，是人生道路上
最危險的陷阱！

　　最近看了日本整理大師近藤麻理惠寫的《怦然心動的人生整理魔法》。整本書的中心思想非常簡單，就是鼓勵大家「丟」東西。但當然不是說把什麼東西都扔了，而是要仔細觸摸這件物品，感受它是否會讓你覺得「怦然心動」，以此作為判斷準則。她的概念是：物品是為了滿足人們的生活而存在，如果這樣東西無法與擁有者產生「怦然心動」的連結，那麼留著它，也只是滿足囤積的貪念，並不會為我們的人生帶來多大的好處。像這樣的東西，還是丟了吧！

　　之前剛好換了新的辦公室，我照著書中的做法，把公司裡累積多年的私人物品做了大清倉，咬牙扔掉了約半人

高的一袋雜物，光是囤積的電腦線材就丟了十多條！還有一堆文件、以及看似精美卻不會去用的禮品。剛開始我真的非常忐忑猶豫，但斷捨離後的一個月，我的工作環境變得非常爽朗簡潔，也真的有一種輕鬆感！

這讓我聯想到另一件事：來向我徵求職涯建議的網友，常常透露一種糾結，他們的憂慮是這樣的：

老師，我是念資訊的，但我對電腦一點興趣都沒有，想走其他的路。但既然資訊系都畢業了，我該先去當工程師嗎？

老師，我目前跟朋友創業，還沒有做出成績。但最近公職放榜，我順利考上了，是不是該先當個幾年公務員，再回頭創業呢？

這類的問題真的非常多，總結一句話，就是覺得「可惜」，心有不甘。都辛苦念了資訊系，最後不走這行的話，不就浪費掉了？好不容易考上公職，不先去待個幾年，之前的投入不就白費了？

這樣的心態我可以理解，跟我庫存了一堆電腦線材是差不多的意思。不過我庫存雜物，消耗掉的是空間，大不了只是浪費一個抽屜的大小而已。哪天把東西扔了，空間也就回來了。但人生若只為了「可惜」兩字，消耗掉的則是時間（以及連帶的機會）。在我看來，世上沒有比「時

間」更珍貴的資源，而且時間還是不可逆的，失去了就再也不會回來，這才是真正要「可惜」的東西！

容我說得嚴重點：這世上有許多的挫敗與不幸，就是來自於這種不理性的「可惜」心態。

小時候我家離某個夜市很近。放學後經過都會看到販在準備晚上的生意。我親眼看到一家賣冬瓜茶的老太太，會把前一天賣剩的茶倒進新的茶桶裡，新舊混合一起賣。我跟我的同學絕對不買這攤的茶，而且顧客的嘴夠刁，後來這家茶攤確實沒撐多久。只因為舊茶倒掉覺得可惜，所以老太太賣的永遠都是過期品，沒有一杯茶是新鮮的！

另個故事則是我爸告訴我的。老家附近有間燒餅油條店，買到的燒餅永遠是溫溫冷冷，只因老闆堅持先進先出的原則，先烤好的一定要賣掉，然後才把新的燒餅拿出來，結果從來沒有顧客真正吃到剛出爐的熱燒餅。但另一家生意較好的店，老闆永遠拿剛烤好的熱燒餅給客人（後進先出），雖然一天下來難免扔掉幾個冷燒餅，但客戶顯然比較捧場，兩家店的優劣，由此立見！

在感情的領域，類似的故事就更多了。女生遇到暴力情人，被拳打腳踢還榨乾積蓄，但就是不願意分手。畢竟投入了多年的情感與時間，甚至小孩也生了，房子都買了，若從此一刀兩斷，之前的種種投入豈不可惜至極？

就再給他一次機會吧！說不定奇蹟會出現。但旁觀者都知道，這只是難以割捨導致的惡性循環。

經濟學中有個名詞叫做「沉沒成本」，恰好提醒了我們，面對人生種種的「可惜」，我們該如何理性以對。

得過諾貝爾獎的經濟學家 Joseph E. Stiglitz 曾舉過一個例子：有天你花了七美元買了張電影票，結果看了半小時後發現是部大爛片，你該立馬離開電影院嗎？如果你有「沉沒成本」的觀念，做這個決定時就該「忽略」這七美元的投入。因為不管你是否離開戲院，這七美元就像丟到水裡，都不可能回收了。以經濟學家的觀點，接下來要不要閃人，純粹該以「想不想繼續看電影」做為唯一的考量。明明不想看，卻因為可惜那七美元的沉沒成本，繼續受罪與浪費時間，其實是不理性的行為。經濟學家還把這種不理性的心態取了個名字，叫做「沉沒成本謬誤」。

所以，千萬別再以「可惜」做為人生選擇的判斷依據！過去已經投入的，不管你未來怎麼做，都只會成為記憶的一部分。唯有掌握有限的時間資源，找到讓自己「怦然心動」的目標，大膽前進，才是正向積極的做法。

回到一開始網友的問題，面對他們的「可惜」心態，我都是這樣回覆的：

有天你從台中出發，想去南邊的墾丁，參加讓你怦然

心動的活動！車開了一個小時後，你驚覺竟開到了北邊的新竹，這時候你會怎麼做呢？是馬上掉頭南下，還是既然都開了那麼久，油錢也都花了，就乾脆去台北碰碰運氣？

　　如果你的目標明確，思考也夠理性，我想答案是毫無疑問的！但我也完全理解壯士斷腕需要不小的決心，畢竟剛剛那個曾經開錯方向的駕駛，就是我本人！

7.

大腦使用手冊（一）：
建立個人的思維模型

　　高中的時候，「數學」應該是我花費最多時間、得分卻最少的一門科目。在好強不認輸的個性驅使下，我硬是選擇了理工組，所以從高一、高二到高三，數學雖然越來越複雜，我的分數卻是越來越「簡單」。

　　我永遠不會忘記我們班的第一名，「天才」就是形容他這種人。大家明明都是第一志願考進來的學生，他仍可以輕易地鶴立雞群。很多同學都覺得他的數學實力說不定跟老師有得拼。某次大家在教室討論一則數學難題，百思不得其解，天才同學剛好經過，他反方向瞄了一眼題目便輕描淡寫地說：「這樣這樣然後那樣。」我們照著做之後，題目竟然就這樣解了。這一幕給當時才十多歲的我上了一

堂人生課：人外有人，天外有天！

　　我不知道你一生當中，有沒有遇到過這樣聰明的人？老實說我遇過不少，包括另一位國中還沒畢業，就把大一普通物理當小說讀完的人。所以我很小時就體悟到，這世界上真的有天才存在。他們的智力就像天上的月亮一樣，你只能瞻仰，卻永遠也搆不著，根本不知道他是怎麼掛在那兒的！

　　但就算知道自己不是天才，日子還是得過下去，是吧？接下來要講的才是重點。班上有另一位好朋友，成績也很棒。這樣說吧，如果第一名是月亮，這位同學就是台北 101。他的聰明才智雖然也算高聳入雲，但我至少知道他是一層層由地面累積起來的，我想他是比較好的諮詢對象。有次，我終於開口問他，數學到底該怎麼準備才能考高分？

　　「數學是文科，這是你第一件要認清的事實！」台北這樣告訴我，到今天我都清楚地記得。

　　「數學考試其實是有模式可循的，題目就固定那幾類，而每類題目都有固定的解法，這些參考書都已經幫我們分類好了。我們要做的是，先了解這些模式，接著透過不斷練習，最終牢牢地記憶起來，考試一看到題目就可以直覺反應。基本上這跟背英文句型是一樣的！」

「可是，每次考試老師都會出一些難題，既沒有快速公式，參考書上也沒有啊！」

「是沒錯，但只要你能把制式題目練到滾瓜爛熟，面對這些特殊題往往也會有靈感。更何況，就算你把這些特殊題直接放棄，應該還是可以考個 85 分之類的，那也比你現在的分數要高啦！」

多數人如你我，都不是天才，也沒有得天獨厚的條件。所以我們其實應該要模仿那位台北 101，從複雜的狀況中釐清出一份屬於自己的「思考模式」，然後以此來面對後續的每個難題。因為我們不是天才，所以想要成功的最佳策略，就是要小心檢視我們手上每一塊籌碼，把效益發揮到最大。進而找出好的方法與模式，克服生活中的種種挑戰。

其實擁有「思考模式」的人，其能力未必輸給「天賦異稟」的人，以下就是證明。

我是個大路痴，我老婆則是有名的人肉 GPS，只要她去過的地方，就會在腦中建立地貌和圖資，維持多年都還記得。我很佩服為何她總是知道下個路口該左轉還是右轉，這樣的能力對我來說簡直就像「絕對音感」一般，是一種遙遠且神秘的力量。

不過有一年，我和朋友開車橫越美國時，我這路痴扳

回了一城。我們一路由舊金山開車到紐約，上萬公里的路途，大多數的地方是我們都沒去過的，我老婆的「路感」在這種狀況下開始失靈，無法做出像平常一樣精準的判斷。但我本來就是個缺乏「認路直覺」的人，所以很習慣仰賴地圖、GPS、還有美國的公路系統這種架構來思考，在這樣全新的挑戰之下，反倒是靠我的思維模型來引導路線！

擁有「天生直覺」的人往往讓我們欽羨不已。他們常常輕鬆快速地做出漂亮的選擇。感覺他們不用花很多力氣，就可以在考場、職場，或是情場立於不敗。但身為「普通人」的我們，其實也沒什麼好怨歎的。首先，這種天分後天難以培養，怎麼羨慕也是枉然；其次，人生多數的重大選擇，「快速」原則並不重要，面對求學、求職與求偶的議題，總是有很多時間可以慢慢思考。「直覺」確實很好，但並非必要。

相對地，腦子裡有明確思維模型的人，遇到問題會需要花一些時間思考，有時候甚至會犯錯（錯誤是建構思維模型的關鍵原料）。但長久下來，他的決策會逐漸優化，終能更穩定地解決問題。我那位台北 101 同學畢業後，和天才同學一起考上第一志願，最後也都成為美國名校博士，表現毫不遜色。

此外，一旦建構了完整思維模型，面對全然陌生、毫

無經驗的環境時，反倒容易做出相對理性的選擇，就像路痴的我能善用地圖和 GPS 找對方位一樣。事實上，人生在不同階段的遊戲規則一直在變，學校成績優異的學生，到了職場未必能以相同的天分勝出；把妹技巧一流的帥哥，一旦走入家庭也未必懂得維繫婚姻關係。所以在我看來，要正確發揮我們大腦的威力，沒有什麼比建構一套屬於自己的思維模型更重要。畢竟天分無法模仿，但思維的方法卻可以透過學習和練習日益精進！

股神華倫・巴菲特有次應邀到大學演講，一位同學問他：「全球的投資人遇到前景不明時，都會仰望您的看法，那麼當您自己遇到迷惘時都怎麼處理呢？」巴菲特笑著說：「我也只好去望著鏡子了！」雖然他是搞笑，但我覺得這句話還挺有哲理的。以前也聽過一個寓言，有人問觀音菩薩：「世人都拜佛，你自己就是佛，那麼又要拜誰呢？」觀音菩薩回答：「我拜的是自己。」如果我們能建立一套自己的思維模型，面對問題時就比較不容易惶恐、憂慮，也不會人云亦云、隨波逐流。投資領域如此，人生也是如此。最好的諮詢對象，往往就是一個已能建立明確思考原則的自己。

建構思維模型的另一個好處就是，它可以隨著時間經驗逐漸進化。就拿我常寫的職場相關文章來說，其實都是

透過我在工作上的觀察，甚至犯過的錯誤，逐步雕琢出來的思維模型（也可以說是一個「局」）。

我人生的第一份工作是在一家小公司，我在那裡建構了第一個版本的模型，找到了和大家和平共處，以及獲得老闆賞識的關鍵。接下來我進了大型企業，發現模型有需要修正的地方，所以逐漸改良為第二版。後來我想試試看這種模型能否套用到國外的公司，於是去了紐約，果然也讓我的職場之路頗為順利。當公司要晉升我到更高職位時，我認為「當個上班族」這個局已經差不多搞清楚了，有了大小通吃，而且中外適用的思考模型，於是我給自己一個新的挑戰：投身創業之路，並且持續改善我的思路。

我強烈建議你，凡事不要光專注在執行層面，而要體會背後的思維，進而建立出一套專屬於自己的思維模型。這樣才能做出徹底的改變，而且是好的改變！

8.

大腦使用手冊（二）：
獨立思考，從懷疑開始

　　某甲有次訪問一位「推理大師」，並跟大師討教推理的技巧。

　　大師：推理其實不難，我示範給你看。請問你家裡有割草機嗎？

　　某甲：有啊！

　　大師：會買割草機，表示你家裡有草坪，我推斷你住的是獨棟房子？

　　某甲：沒錯！

　　大師：住在獨棟房子裡，代表你已有了家庭，而且娶了老婆，所以你應該是異性戀。

　　某甲：大師太強了，居然從割草機推論出我的性向。

我懂了，推理實在太有用了！

　　某甲於是很高興地回去，急著想試試新學到的推理技巧。隔天遇見了同事某乙。

　　某甲：你有割草機嗎？

　　某乙：沒有耶，怎麼啦？

　　某甲：哈！我打賭你一定是個同性戀！

　　在科技越來越進步、教育越來越普及的今天，我們的思維推理能力，是比從前的人更好還是更糟呢？直覺告訴我，現代人因為資訊氾濫，反倒越來越少思考，大家的腦子越來越懶惰，只有嘴巴（或是打鍵盤的手指）越來越勤勞，整個人類群體都朝向妄下斷論、人云亦云的路線前進。這與網路時代所主張的思想自由、獨立思考等價值，恰好呈現矛盾的反差！

　　像這樣的例子俯拾可見。

　　2014 年，有則新聞引發了大家的關注，新北市有位 8 歲男童「誤拿」他人的安全帽。失主向警方報案，並且控告對方偷竊。男童的母親在鏡頭前聲淚俱下，宣稱只是小孩子不小心拿錯，卻遭對方堅持告上法院，實在太不厚道。網路隨即開始對那位失主連聲撻伐，還有網友發起肉搜，

要好好修理那位原告！沒想到監視錄影帶公布後，發現根本就是母親教唆兒子行竊，才讓那位失主洗清冤屈。不對，冤屈真的洗清了嗎？會不會有人沒看到後面的新聞，仍認定失主無情呢？當初發起肉搜與厲聲撻伐的網友，有沒有人曾在自己的臉書上道歉或澄清呢？更不敢想是不是有更多類似案件，根本沒有錄影帶這樣的鐵證？

再來一個事證。

台北捷運松山線通車的時候，捷運局公布了新的路線圖。有網友以東京地鐵路線圖的風格重新繪製台北捷運路線圖。一開始我覺得挺新鮮，也很有創意，但網友出現了嚴厲的批判，說人家東京的圖如何好，台北的圖如何爛，一股台灣處處不如人的負面主張，充斥了當天下午的臉書版面。直到出現設計專家 PO 文解說，大家才知道原來台北與東京的地圖之間，沒有誰優誰劣的問題，原本設計理念與路網的特色就不同，這時網路上充滿自卑的批判才緩和下來。我想當初繪製台北捷運圖的團隊，心中一定五味雜陳。

心理學上的「捷思」與「從眾」效應，說的是人們在面對問題時，常常以直覺當作判斷的基準，或是跟著大家的想法走。原因在於人類雖然有顆厲害的大腦可供思考，但「用大腦思考」其實跟「用洗碗機洗碗」很像。雖然洗碗機

功能齊全且價值不菲，但只要啟動就會消耗很多能量，而且要花費不少時間，所以久了也就被閒置在一旁。更何況我們生存的這個時代，每天要處理的資訊實在太多太雜，憑著感覺走、跟著大家做，可要輕鬆愜意多了！

但這種輕鬆愜意，很可能引導我們到一個危險的境地。手機、臉書、LINE 讓大家擁有前所未有的資訊傳播能力，但相對於這種能力，我們的思維深度卻越來越弱，越來越容易受到媒體或個人（例如聲淚俱下的八歲男童母親）的操控。超強傳播工具配上超弱的思考能力，就好比讓一群五歲小孩待在木屋裡，然後每人發給他們一個打火機，一發不可收拾。

如何鍛鍊思考的能力？我的答案是「醞釀」、「反思」、「假設」與「驗證」這八個字。這點可以用另一則新聞「救護車擋道」事件來說明。

電視上每隔一陣子就會傳出救護車（消防車似乎比較少）被汽車駕駛刻意擋道的新聞。有些事件的駕駛被揪出來逼著道歉，也有網友直接把問題歸諸於台灣人的道德淪喪、公德心低落，並且 PO 出國外駕駛自動讓道的影片，來與台灣人的自私對照，大家罵爽後通常也就沒下文了。

但事實真的是如此嗎？

在「捷思」與「從眾」的作用力下，人們收到資訊後

會傾向把事情簡化：對八歲小孩提告＝惡人；和東京捷運地圖不同＝台北較落後；阻擋救護車＝沒品。這些不經思考的直覺反應就像是「情緒排水孔」，當資訊像水一樣流入時，大腦卻沒有咀嚼資訊並進行思考，只是迅速地排出與發洩。這樣的模式縱使科技再進步，資訊再暢通，思考仍是一樣的枯竭。

所以該走的第一步，就是將眼前的訊息好好「醞釀」一番。這世界上喜歡議論的人太多，不差我們的意見，讓資訊在腦中沉澱一下，並且進入「反思」的過程。所謂反思，就是與「直覺」唱反調，思考是否存在其他的可能性。當大家都說救護車被擋道是因為台灣人沒公德心時，我們不妨想一想，有沒有任何可能其實與公德心無關呢？若真如此，為何很少聽到消防車、警車被擋道的新聞？這就是所謂的「批判性思考」。擁有批判性思考習慣的人，反倒不會急著批判事情，而是在下定論之前，反向思考其他可能的原因。

反思的過程會引導出很多「假設」，這就進入了第三階段。像是救護車擋道一事，除了純粹駕駛沒品之外，我也想到另外兩個假設：第一，很多駕駛根本沒察覺到救護車；第二，雖然察覺到救護車，也願意讓路，卻不知道如何做才好！

趁著出國時，我試著「驗證」我的假設，也就是第四個階段。觀察下來後發現，與美國和日本相比，台灣的救護車真的非常溫和低調。去過美國的人應該知道，美國的救護車非常大聲，從旁呼嘯而過時不少路人甚至得搗住耳朵，而且上面警鈴不會只有一個，而是像七彩霓虹燈一樣瘋狂亂閃，大老遠就能注意到。去東京旅遊時我也發現，日本人雖然低調，但救護車也比台灣的要強勢許多。畢竟駕駛人車窗一關、音樂一放，完全忽視身後的救護車也是有可能的。

　　另外，美國與日本的救護車，廣播除了跟警鈴一樣非常大聲外，也常聽到救護人員用大聲公對車流直接下達指示，例如「內側所有車輛靠左，外側所有車輛靠右」、「紅色 Toyota 請進入路肩」之類的。這點非常重要，因為欠缺明確的指示，身處車陣中的駕駛真的不知該如何讓道，有的車往左閃，有的往右閃，讓了等於沒讓。我自己聽過台灣救護車的廣播，不僅聲音太小、說話太溫柔，也未必有給予車陣明確的指示，這或許也是問題之一。

　　以上觀察，只能說「驗證」了一半。若我是相關單位，便會進一步去調整救護車的警笛與音量，並且給予駕駛相關的訓練。再來檢視擋道的狀況是否改善，我想這會比網路上的幹譙多點建設性。雖然身為網友的我們，難以

直接執行這些措施，但至少多觀察，多想想，一方面訓練思考，同時也不要輕易就貶抑自己的國民素質。

　　以上「救護車擋道」的議題，只是一個思考訓練的實例，重點不是談誰對誰錯，而是掌握事情的多個面向，進而找出可能的解決之道。習慣以思考來看事情，自然能為自己的人生開創新格局！

9.

看新聞的
三種必備態度

　　很多人說「新聞節目」是社會的亂源，尤其現在的新聞有越來越綜藝化、無腦化的走向。「小時候不讀書，長大會去當記者」，也成為大家調侃記者的俏皮話，不過我覺得觀看者本身的心態也很重要。在這個資訊氾濫的時代，不光是新聞，所有的資訊我們都應該思考過濾，而非全盤接收，這才是對自己負責的態度！

　　有些人嘴上愛批評新聞媒體，但電視一打開卻又跟著新聞內容起舞：要不大力批判自己不熟悉的人事物，要不搶搭自己沒搞懂的風潮，許多重要的人生選擇就在從眾與跟風的狀態下，迷迷糊糊拍板定案，最終面對的還是只有自己。

新聞不是不能看，而是要用「腦」看。以下三個接觸新聞媒體的態度，會幫助你篩選真正有用的資訊，成為人生選擇的助力而非阻力：

一、看戲，但不入戲

戲劇節目中，常常有正反兩派的角色，在劇中我們都希望邪不勝正，但在劇外許多飾演反派角色的演員也大受歡迎。像是電影《雷神索爾》中飾演「洛基」的湯姆・希德勒斯頓（Tom Hiddleston）；《後宮甄嬛傳》裡飾演「華妃」的蔣欣等人都是。這種對於反派演員的欣賞，是人類理性思維與智識進步的結果，因為我們知道他們不是真的壞人，也知道要把壞人演得維妙維肖是值得佩服的。反觀六〇年代電影《梁山伯與祝英台》爆紅時，飾演梁山伯的凌波不管走到哪裡都是萬人空巷，群起歡迎；但飾演反派角色馬文才的演員蔣光超，竟然在街上被「梁山伯」的粉絲指著鼻子痛罵。前幾年甚至還聽到鄉土劇中飾演壞女人的演員，被「入戲太深」的戲迷當街吐口水⋯⋯這些行為看來令人莞爾，但面對新聞時，同樣有不少人熊熊燃燒著「沙發上的正義感」。我很想提醒他們：先生／小姐，你入戲太深了喔！

「人生如戲，戲如人生」，新聞事件中的每個人物都

在扮演自己的角色,因此一定有「角色設定」:各自抱持不同的欲望、立場、難處,以及宿命。但我們看新聞時,往往迫不及待辨識「誰是正派、誰是反派」,然後選邊站,情緒也隨之起舞。這樣對理性思維的培養不但沒幫助,反而容易產生偏見,甚至容易遭有心人士煽動。

　　企業家戴勝益有次在演講中提到「跟爸媽借錢交朋友」及「借不到五百萬別創業」時,很多人對他講的話激動地大肆抨擊。其實我們該想的是:這位事業有成的大老闆為何要說這樣的話?他大可默默賺錢、靜靜享受成果不是嗎?說這些會造成爭議的內容,有什麼樣的用意?若能夠這樣想,才是真正思考全局,而非只看表面的解讀。

二、事出必有因

　　這是指別急著貼標籤,先客觀分析新聞中當事人的言行。如果看到商人就覺得他們死要錢,看到政客就出現好鬥的印象,往往會錯過精彩好戲,少了一個鍛鍊思考的機會。舉個例子:之前號稱麵包採用天然素材、實際卻加了香精的胖達人,仔細想想就會發現案情並不單純。如果麵包店經營者像吳寶春一樣,以做麵包為職志,用些香料或許在所難免;但公開堅稱「純天然無香料」就太冒險了。畢竟麵包只要料好味美,又有名人加持,即使有食用香精,

消費者應該也能接受；但大張旗鼓強調天然無香精，卻又把香精大剌剌地放在廚房讓檢調發現，總顯得不太合理。事件發生時我就跟朋友討論過這個問題，覺得應該有弦外之音；果然後續新聞爆出了因為股權爭議，而有股東去告密並布局的故事，讓一開始的疑惑有了解釋！所以看到反常識的事情，我們其實都該探究背後是不是還有什麼我們沒看到的片段。這樣才能讓我們的思考能力在看新聞的過程中不斷擴展。

三、如果是我，會怎麼做？

最後一個心態、也是最棒的思考模式，就是邊看新聞邊自問：「如果我是當事人，會怎麼做？」像不同政黨的政治人物出現論戰時，雙方在網路上往往各有支持者，都想證明我是對的、你是錯的。其實這種意識形態之爭根本不會有結果。身為理性觀眾，別急著去選邊站，先把整件事當成難得的研究個案，將自己套入雙方的角色來思考對策，就像猜測電影的結局一樣。過個幾天再追蹤一下新聞事件進展，觀察劇中人是否如自己的預料行事。這就像是從旁觀察高手下棋，推測彼此的步數，進而提升自己的思考與判斷力！

《名偵探柯南》的「毛利小五郎」，每次有兇案都急

著從表面下判斷：例如看到有人拿著沾血的刀，就立刻斷定這人是兇手。結果最後總要靠柯南做深度調查，才能揭開隱藏的真相。對於時事的判斷，我們該學的是細心的柯南，而不是當莽撞的小五郎。別急著下定論，更不要選邊站或武斷地批評任何一方。鍛鍊吸收資訊的分辨力，才能提升人生的決策品質！

10.

實用的「斯多葛哲學」
如果無法消除煩惱，
至少把它放在對的地方！

　　我們都知道，大人的世界遠比小孩子的更複雜，生活中總有大大小小的問題接連冒出來。

　　這麼多年來，我也常碰到別人拿著他們的問題來問我。比方說，朋友 A 找工作接連碰壁，很焦慮地來問我：「我已經超過四十歲，過去經歷也馬馬虎虎，我會不會再也找不到好工作？」在課堂上，則有位同學 B 來問我：「老師，我長得不高也不帥，年收入也普普，我想世界上應該不會有女生想跟我交往吧？」

　　我發現很多人只要一碰到問題，就會瞬間陷入絕望。我得告訴各位，其實有些問題，答案不論是 YES or NO，

都不值得我們糾結。像前面提到的兩個問題就是如此。

為何我會這麼說呢？你想，如果我回答朋友 A：「是啊，你確實很難找到好工作。」或回答同學 B：「沒錯，確實不會有女生想跟你交往。」他們聽完，難道就會放棄找工作、放棄找女朋友嗎？通常不會，內心的渴望還是在呀！

相反地，如果我回答他們：「不會呀！很多人條件比你差，都還是找到好工作。」「不會呀！有很多男生條件比你差，都交得到女朋友」這樣的答案除了讓他們當下感到些許安慰，對於他們接下來要找到好工作、好伴侶，有任何幫助嗎？通常也沒有。

既然兩種答案都沒有幫助，那我們何必花時間糾結這些問題呢？

不過，話雖這麼說，要讓自己不去煩惱這些問題，其實很不容易。像我自己經營公司，每天都有解決不完的事情、處理不完的焦慮，平時也有很多這些疑問。

那麼，我都如何面對焦慮、讓自己專注在真正能改善現狀的行為上呢？

對我幫助極大的「斯多葛哲學」：做好你能做的所有事情！

「斯多葛學派」由哲學家芝諾於西元前三世紀創立，

是一門非常強調「入世」的哲學思想。西方有一則「寧靜禱文」，正好貼切地闡述這個學派的核心思維：

對於人生中可以改變的事情，我們要盡力而為；

對於人生中無法改變的事情，我們要坦然放手；

希望上帝賜我們智慧，區分兩者不同，以便我們採取正確態度。

我們活在世界上，會遭遇很多「未知」的事物，大腦對此會產生各種情緒，其中有很多是焦慮和不安的負面情緒。可是，對於無法掌控的事情，我們無論做什麼努力，都是無法改變的。我們唯一能做的，就是找出我們能改變的事情，然後盡量做到最好。

以前面提到朋友 A 找工作的例子來說，年過四十、學歷又普通的人能不能找到好工作，我們並不知道。但我們可以思考的是：「如何提高自己找到好工作的機率！」

為了提升機率，我們可以依序拆解出幾個可行的步驟，像是透過履歷好好包裝自己、實際投遞履歷到想進入的公司等等。這麼做並不能保證我們一定會找到好工作，但就朋友 A 的狀況而言，這確實是少數能掌控在我們手中的事情了，真想找到好工作，不妨就姑且一試吧！

從「練習找到能做的事」開始，擺脫患得患失的心情

很多人看我現在自己創業、又是講師，總覺得我應該很有自信。但事實上，我也是個經常患得患失的人，讀書的時候，我常擔心「成績不好怎麼辦」、「去學校大家不喜歡我怎麼辦」；出社會後，我擔心「這輩子平凡無奇怎麼辦」、「念了這麼多書，最後還是找不到好工作怎麼辦」。一路走來，我其實也常有這樣的焦慮。

不過，自從我接觸了「斯多葛哲學」的思想後，我的焦慮降低許多。它雖然沒有告訴我到底該如何「減少」焦慮，卻讓我知道，我是可以馴服如脫韁野馬般的大腦的。

對於那些亂七八糟、不能控制的事情，我們試著坦然放手；但對於那些我們能做的事情，我們就一定要全力以赴，不讓將來的自己感到後悔。

你也常遭遇和過去的我一樣的焦慮和痛苦嗎？現在起，不妨試著遵循「斯多葛哲學」的思想吧！持之以恆地練習，並且「把能做的事都做到最好」，「無法改變的事情丟到一邊」。我想很快地，你就會發現在這個努力的過程中，你想要改變的事情已經不知不覺掌握在你手中了！

個人理財
的選擇

1.

你選擇用錢
投資什麼？

　　之前去某個大學演講。結束後有兩個年輕的女生來問問題。因為問題本身有點複雜，所以當我解釋完，發現對方還是有點困惑時，我就跟她們說，這個概念其實有好幾本書提到。當下我憑著印象給了她們幾本書的書名，請她們去書店找來看。

　　不過當我說完之後，這兩個女生卻互看一眼，然後靦腆地回覆：「可是，這樣要買四、五本書，感覺好貴喔！這些內容有沒有哪裡……嗯，比方說網站之類的免費資源可以查到？」

　　聽她們這麼一說，倒是換我瞪大了眼睛，不知道該怎麼回應。

她們看我沒回答，又補了一段：「你知道，我們兩個還是學生，沒什麼錢。如果能有免費的資源就太好了！」

　　我低頭一瞄，看到這兩個女生打扮都非常時尚，肩上各背了一個某名牌的大提包。我對名牌沒什麼研究，但猜測這個包應該上萬元跑不掉，只是一下看不出來是真品還是高仿品。

　　但撇開包包不談，兩人手裡還是一人拿了一支最新款手機。看起來應該是真品無誤，這就是讓我不知道如何回應的原因：一方面兩人用著名牌與最新款手機，另一方面卻又跟我說沒錢買書？這實在讓我不知該怎麼建議才好。

　　近年有些年輕的朋友來找我問問題，給了方向後，對方卻攤攤手說自己沒錢（比方說鼓勵他們去上某些課）。若是真沒錢的人說自己窮，我當然可以理解，也願意多花些力氣幫他們想想更便宜的替代方案；但有更多人從他的手機跟身上的行頭看來，怎麼看也看不出貧困的感覺。

　　我認識很多學校老師。有時也會聽到他們說：「現在很多學生會嫌課本貴，跟老師反映沒錢買課本，甚至要求老師改教材。」可是這些同學卻有錢買手機、買電腦、買平板，3C 產品全都有，而且還都是最新、最潮的機種。

　　所以他們是騙人的囉？其實他們也沒有騙人，我相信他們手邊的資金真的很吃緊。原因正是因為花了上萬元買

最新款手機（或其他東西），而且往往還是靠分期才能買下。所以後續為了要分期還款，以致手頭真的很困窘，連吃得好一點都沒辦法。若還要買超過千元的書籍，一定會唉聲不斷。

但我一直覺得這種狀況有點不太對勁，大家花錢的方式應該反過來才對。像我自己，寧願讓手上的資金保持寬裕，需要買書時也會毫不眨眼地大買，但絕對不會把錢過度花在手機或包包這些東西上面。

我的概念是這樣的：**書本這東西，其實是別人幫我們把知識有系統地整理好的結果**。以台灣的書籍而言，一本平均約兩、三百元，等於外面簡餐店一頓用調理包製作的餐點金額，即使貴一點的書往往也不過是千元出頭。但你買下的可能是受用一輩子、甚至幫你賺一輩子的能力。這種投資，其實真的太划算，也太便宜了。

所以當我想學什麼新東西時，我自己的習慣是，先問問大家這個領域的哪些書最好。如果身邊沒人能問，那就上書店把評價不錯的相關書籍一次找來，五本也好、十本也罷，一次打包買回去。買回家後，儘快把不同專家的觀點都看過一遍，如此就能對這些知識有個快速認知的框架，還能藉此吸收到不同的觀點。這樣做要花多少錢？往往不會超過兩千元。看完如果覺得好，就留下來；差一些

的就捐出去或以廢紙回收。從長期成長的角度來看，這樣其實「一點都不貴」。

吃東西也是一樣。很多人省錢買手機，身上卻因此沒錢，只好餐餐吃泡麵，或吃很便宜的便當、喝很便宜的大杯手搖茶。老實說，我覺得這實在不太對。怎麼會犧牲身體健康，把錢省來買奢侈品呢？食物是一分錢一分貨的東西，雖然貴的未必一定好，但太便宜幾乎都不會是好的！

當然，有人會覺得買支最流行的手機，能讓同學與朋友羨慕自己，又可透過手機維持友誼，還可以透過手機上網看新聞、裝些 APP 自我學習。而且一支手機好好用的話，也可以用個三年，這不是很棒的長遠投資嗎？

但我得說，像手機這種東西，越潮的在初期越可能缺貨難買，之後退流行的速度也越快。今天新款的 iPhone 或許還很酷，但明年大概就落伍了。如果你不介意別人的眼光，只要沒壞，當然可以一直用下去。但大部分追求最新規格的人，就是會介意別人眼光的那群人。所以原本自以為能用三年，但一年其實就換了新款，這類追逐是永遠沒有盡頭的。

但若你願意買支平價的手機，省下一半以上的錢，平常讓自己吃好一些，每個月多讀兩本書。同樣三年過去，你絕對會比別人成長更多。假以時日，這類成長會反映在

收入上，屆時你將更有能力買更多的物質，而且維持同樣的成長動能。但若你每年都把錢浪費在無力負擔的物質炫耀上，長期吃不好、總是沒錢自我成長，時間越久，能負擔的物質炫耀品將越差。此消彼長，人生將會變得越來越不如意啊！

　　你說，難道真的不能追這類 3C 的流行品嗎？當然也行。如果你已經在工作上有些成就，收入不錯，**行有餘力「有些閒錢」**，想玩手機、玩平板、買包包，倒也沒什麼大不了的。**但千萬不要因為買這些東西把自己搞窮**，壓縮到自己的生活預算、學習新知的預算，以及讓家人快樂的資源。如果賺來的錢都只是花在買些吸引別人目光的東西，那就真的太不聰明了！

2.

買房子與租房子
的兩難

　　前面提到我們該反覆辯證那些習以為常的老觀念的適用性，買房子其實也是一個類似的問題，這在某種程度上也是「群體催眠」的一種。我們以為出於自由意志，實際上卻可能是受到文化、媒體、建商的心理暗示，掉入「群體盲從」陷阱而不自知，現代人很多不快樂都是由此「執念」而生。我相信這個心結一解，眼前多半能豁然開朗！

　　這個時代，自有住宅的必要性被嚴重高估。當然，如果你有能力以現金購屋，或工作穩定、將來沒打算換跑道、房貸又沒超過可支配所得三分之一，那買房子對你而言是利多於弊。但如果你不屬於這樣的族群，我勸諸位一定要冷靜思考。你可以一窩蜂地買團購美食，可以跟風買

最新手機，但若只因為「大家都這麼做」，或聽信一些似是而非的觀念，因此背上 20 年的房貸，那就不太對了。

以下是買房子常見的理由。每個表面上都對，但背後都有前提假設或時空條件：

迷思一：擁有自己的房子才有安定感？

基本上是對的，有自己的房子就不必看房東臉色，可以隨心所欲裝潢，享有一切自主權。但問題在於：你願意為這自主權付出多少？簡單算一下，你可能會嚇到：

以總價 1000 萬的住宅為例。假設自備頭期款 300 萬、貸款 700 萬，用年利率 2.5％、貸二十年計算，平均每個月本息攤還約 37000 元；但在我住的地區若用租的，每月只要 15000 元。二十年價差與頭期款加起來，買要比租多花 828 萬！雖然租房子的人有被迫搬家的風險，也不能任意在牆上釘釘子，但有 828 萬的差額可利用。而買的人等於多付了 828 萬的「安定感貼水」，實際上也只是住在一樣的房子裡。

這「安定感貼水」是否值得，見仁見智。如果心裡明白這個成本，但仍覺得要擁有自己的房子，那至少當事人知道自己在做什麼。但如果只聽到「租不如買」這類建商口號，或看到同儕都買了房子所以跟著買，那就讓人捏把

冷汗了。

一般上班族，除非月薪超過 10 萬，否則本息攤還將是可觀的壓力。萬一景氣不好、工作出了問題，很容易就陷入走投無路的困境。此時擁有房子的「安定感」又剩多少？

迷思二：有土斯有財，買房子也是投資？

到底是有土斯有財，還是有財斯有土？這是個耐人尋味的問題！古人有這句話，是因為土地在農業社會是主要的生產資本。員外把土地租給佃農耕種、收取地租，就像現在的包租公包租婆，是好投資沒錯。但前提是員外跟包租婆自己都有房子住，額外出租的土地（或房屋）只是純粹的生財工具，而非庇護所。這是跟一般人最大的差異。

或許你會說：我將來可以賣房子，賺取上漲的差價！

姑且不論折舊和跌價的風險，就算將來暴漲一倍，出售後你又能住哪？若想住同樣的地段，因為所有房子都漲價，最後還是得買類似的。所以只剩兩個選擇：一是去偏遠地段買便宜的房子，但得犧牲便利性和熟悉的環境；二是賣房後在原地段租屋。但如果一開始就用租的，好好理財，說不定閒錢還更多。

迷思三：房子是資產，付出的房貸終究是自己的？

在會計學上，房子是資產沒錯，但在心理學上，房子絕對是負債。

自住的房子直到賣掉那天為止，都無法帶來任何收益；但你欠銀行的貸款卻會持續數十年、吃掉一大半收入。當然，背債在某種程度上也算是強迫儲蓄，有激發潛能、努力存錢的效果。但話又說回來，若真只是想強迫自己儲蓄，有不少理財工具都可以達成目的，重點是流動性比房子好太多了。萬一臨時需要用錢，變現也容易得多。

迷思四：房子當房東，租金會自己養房子？

我是從《富爸爸，窮爸爸》書中第一次知道這個概念。作者提到，如果有能力付自備款，就可以買間房子租出去，因為租金收益高於房貸支出，所以會產生正向的現金流，成為「被動收入」。這概念雖然讓人興奮，但做點功課就會發現，「租金高於房貸」的現象在台灣極為罕見。僅有少數幾種狀況有機會靠出租房子賺到所謂的「被動收入」：

1. 房子是現金買的，或是貸款很少，租金收益算起

來有可能比定存要高。

2. 租黃金店面。

3. 住宅重新裝潢，切分成許多小單位，分租給上班族或學生。

即使如此，那也得確保出租率夠高才行。台灣房市是個高效率市場，大家都玩得很精了。類似逢甲商圈這種出租率超高的地方，像劉媽媽這樣的炒手早已布局。假設你是個上班族，要玩這樣的遊戲，還是想清楚比較好。

但《富爸爸，窮爸爸》也不是都在鬼扯。在美國，因為普遍不太儲蓄，置產觀念跟華人不同。加上租金確實超過房貸不少，所以只要有自備款，買戶好的物件再出租，是不錯的投資。但你可別忘了：我們在台灣！

迷思五：居住權益等於買自己的房子？

看完上面四個迷思，你可能會想，那我們小老百姓怎麼辦？我們也有居住的權益啊！

說到「居住權益」，每天都有名嘴砲轟政府。但期待政府打房、讓房價回到大家買得起的水準，可能嗎？

其實全球大都會都有一樣的問題。以紐約來說，即使薪水不低，也沒人考慮在市區買房子，因為買了只會降低

生活品質。所以上班族想要通勤方便,會租市區的房子;著重生活品質的,才去郊區買屋。堅持在都會區買房子才有「居住權益」的人,不是不對,但可能會非常辛苦。

以上五個迷思,無論你是否認同,重要的是有沒有在買屋前想過一輪,並得到一個屬於自己的答案。同樣的,不管你是迫於無奈或出於自由意志,租屋所帶來的正面價值,也同樣該想過一輪。所以接下來我想談談「只租不買」在現在這個環境下帶來的利多!

價值一:自由度

房子是「不動產」,一買下人就「動不了」。若想要更高的薪資、更好的發展,就得考慮往國外走。現在的上班族很難期待一輩子只待在台灣,想想十年前你周圍有多少人在海外工作,現在這數字又是多少?未來 10 年或 20 年呢?雖然有房子還是可以派駐外地,但問題會複雜許多。

即使只在台灣工作,如果大半薪資都用來付房貸,職場自由度也會大減。受制於房貸壓力,在職場的談判籌碼會降低,不得不忍受機車老闆或不喜歡的工作職位,甚至放棄潛在機會。若因為過早買房子而放棄未來的可能性,實在可惜。

價值二：有效降低風險

很多人把房子想成不會損壞、可以增值的永久性資產；但全球氣候變遷對建築的損害很驚人。這幾年地震、暴雨頻繁，當建築物出現裂縫時，身為房客只要確認安全就好；但房東就傷心又傷神了，有時甚至還得傷荷包。

居住環境也是個風險。不管事前再怎麼研究，都無法保證周遭環境如何。像遇到惡鄰居或地下工廠，租屋者碰到的話最多搬走；但對屋主來說，將是一個棘手的問題。

價值三：延遲享受的力量

當人們追尋一項事物，幸福感會隨著成功的逼近逐漸升高，當真正追到手時，幸福感達到頂峰，但隨即開始反轉向下。不論是追逐愛情，追逐金錢或是名利，最耐人尋味的一段歷程，其實是即將追到卻還沒追到的這一段。如果一個人常常處於這樣的歷程，我相信他的情緒與動力都是最佳的狀態。這也是我呼籲年輕人不要急著買房子的原因，因為太早擁有房子，除了可能有財務上的壓力，也會喪失前進的動力。

價值四：金錢運用更靈活

越來越多企業傾向租用設備而非買斷。小從影印機、公務車，大到生產設備甚至波音 747，目的都是讓金錢使用更靈活。買房子對一般人最大的問題，就是限制了金錢的使用自由。雖然漲價出售可以獲利，但賺到差價是多年後的事。而且人往往把未來的收益看得太大，當下擁有的價值看得太小。現在的一萬元，絕對比 20 年後的一萬元更有價值。

另外，人生很多機會只有一次。經濟不寬裕卻勉強購屋在某種程度上，是把小孩的教育經費、陪伴家人的旅遊經費投注在房子上。就算多年後有了錢，但花錢的機會卻過去了，豈不遺憾？

價值五：精簡輕盈的生活

我們常高估了自己需要的物品，絕大多數是「想要」而非「需要」。有自己的房子後，會更容易花錢採買物品，原本夠大的房子，幾年後就會嫌小了。租房子比較能遏止亂花錢的衝動，反正房子是身外之物，心思更容易回歸到生活的本質，而非物質。

總結來說，如果你是個暫時無力買屋，卻因此苦惱甚

至憤憤不平的人，建議你一定要換個角度思考：房子本來就是「奢侈品」而非「必需品」。把它當成一個美麗的目標來追尋，在年輕時努力工作、認真投資、謹慎理財，等年長些、錢夠多的時候，再盡量用較高比例的現金購買，當做多年辛苦的慰勞品。先以通勤便利為考量租房子，或許是相對較理性的策略，畢竟背著重殼的蝸牛可能比無殼蝸牛更累。話說回來，當個枝頭上的黃鸝鳥，不是比蝸牛更輕鬆愜意嗎？

3.

存夠了錢就能
及早退休，享受人生？

有次在「履歷優化與個人品牌重塑」課堂上我問一位學員：「妳心目中理想的工作是什麼？」

同學回答：「我沒有特別想做的工作耶，只要能讓我存夠錢，早點退休就好了！」接著我問她，多少錢才算夠呢？她回答：「至少要 1000 萬吧！嗯，不對，可能要 1500 萬才夠……」

努力工作，抑制消費，存下一筆大錢，然後透過投資每年領取收益當生活費，就可以及早退休，做自己想做的事情……，這應該是許多上班族的終極人生計畫吧！相同的概念在美國甚至還興起了一個運動，簡稱「FIRE」，是「financial independence, retire early!」（財務獨立，提

早退休）的縮寫。搜尋這個關鍵字你會找到許多書籍與部落格，宣揚相關的理念與實踐經驗。

老實說，我以前也有一樣的嚮往。但這幾年來隨著觀察周圍的退休者，加上自己的感悟，我越來越覺得「財務獨立，提早退休」這個概念並不如想像那麼美好。除了執行上非常困難外，就算真能存夠目標金額，迎接我們的未必是環遊世界或閒雲野鶴般的悠閒，取而代之的很可能是生活的貧乏、自信低落與生存恐懼。至少，我個人在多年前就已經把這個念頭從我腦袋清空，轉向另一種「終生工作」的價值觀！

可能有些讀友對 FIRE 概念不太熟，我用最簡略的方法說明一下：

假設小李夫妻 30 歲，年收入 100 萬，基本年開支 50 萬，存下 50 萬。他們希望盡快累積 1000 萬退休金，並透過投資賺取每年 5％的利息，就可支付生活所需的 50 萬元，再也不需要工作！照原本每年存 50 萬的進度共需要 20 年，依照 FIRE 的及早退休理念要提升「儲蓄比」，許多 FIRE 信奉者會逼自己存下超過 70％的錢，小李的 case 就是一年存 70 萬，這樣達標時間就縮短為 14.3 年，也就是說如果小李夫婦如果確實執行 FIRE，就能在 45 歲之前達成財務自由，接下來不必為錢而工作，每年還有 50 萬可以

花用，很美，不是嗎？

　　説到這裡，我想對財務稍有概念的讀友們應該已經發現，這裡面有幾個假設數值，可能有過度樂觀的嫌疑！這些樂觀有可能導致整套方法變得窒礙難行。

　　首先是 5% 的年投資報酬：小李夫妻 45 歲退休後如果活到 85 歲，等於接下來 40 年這 1000 萬都要持續提供穩定報酬 5%，有在投資的朋友都知道這非常不容易。再考慮每年 2%～3% 通貨膨脹，要維持一定購買力時，5% 的報酬得提升到 7～8% 才行。就算真能找到這麼好的投資標的，也不可能每年剛好都是 5% 報酬，萬一正要退休時遇上經濟蕭條或時局變動，報酬剩下 1～2%（甚至負報酬，本金被侵蝕），「又老又窮」的日子就要來臨！

　　其次，小李夫妻一開始花一半存一半的理財紀律，在這個低薪時代已經很不容易達成，何況要提升到 70% 的儲蓄率！年輕時我們成家立業，正是錢花得最兇的時候：房子、車子還有孩子，都是大筆支出，硬要存下高比例的收入真的需要過極度節儉的生活。吃喝玩樂省一點還不打緊，花費在教育與人際上的錢，其實都是人生重要的「投資」，講得現實一點，都是未來「賺更多錢」的契機。這些錢都省下了，斬斷了開源的機會，就只能更拚命節流，不啻是一種惡性循環。

我們換個狀況：假設小李夫婦每年賺 300 萬，固定開支 100 萬（每年存 200 萬）呢？15 年後他們 45 歲，預計可以存下 3000 萬的退休基金。只要找到一個每年領取 3.33% 收益的投資標的（例如美國公債），就可以享用每年 100 萬的生活費用，這樣 FIRE 突然變得可行多了是不是？其實「薪資收入」正是整件事情的關鍵！我看了一些報導，成功實踐中壯年退休，有閒錢環遊世界的人，幾乎都是高薪白領或是創業家，沒這個優勢，要享受 FIRE 的好處，還真是相當不容易！

以上是財務分析的部分，畢竟我不是專家，就只能點到為止！這篇文章我更想談的，其實是兩個心理層面的因素，它們的重要性可能跟財務方面不相上下，甚至更高！

1.「錢」只是工作的好處之一，不是全部。放棄工作同時也拋棄許多珍貴的「人生必需品」。

人有一個毛病：看不到的就以為不存在。工作除了金錢，還會帶給我們成就感、人際關係、以及個人成長所需要的新刺激。上面這段話很多人嘴巴上不會反對，但內心覺得又是「心靈雞湯」來著！畢竟成就感什麼的，不如銀行存款來得真切。直到有天真正離開工作崗位，爽了幾個月之後，才發現迎來的是一陣空虛落寞！我身邊就有幾個

朋友，他們存夠了一筆錢開心退休，逍遙了沒多久又重新回到職場，原因就是想找回生活中失去的養分。

補充一點，我尤其不建議男性過早退休。男生是特別需要成就感跟尊嚴的生物，太早退休又沒有好好規劃生活來滿足上述兩個需求，閒賦在家的退休男人常常是家人的災難，他們會持續跟身邊的人索取必要的成就感跟尊嚴。

有句諺語說：「別把嬰兒跟洗澡水一起倒了！」（Don't throw the baby out with the bathwater）如果工作讓我們不開心，我們應該思考的是「什麼樣的工作會讓我們開心」，而不是一股腦把「工作」從我們的人生中完全倒掉。參加過「尋找天賦與熱情的系統化做法」講座的人一定記得我的親身經歷：我曾經也是個以及早退休為目標的上班族，常常在日記裡寫著要45歲退休的目標，但逐漸找到自己熱愛的工作，「退休」這件事情的誘因就逐漸淡去了！就像是歐普拉說的：「如果你從事的工作就是自己熱愛的事，那麼賺到的薪水其實都算是『額外』的好處，可以的話，為什麼不一輩子享受這樣的工作呢？」

> ### 2. 當人們感受到財務的焦慮時，往往不是因為資產的「存量」不夠，而是其「增量」下滑！

學生時代，皮夾裡有個千把塊就覺得自己很有錢，可

以買少年快報兼請同學吃鍋燒意麵了！但上班之後，好不容易存了10萬塊卻還是憂心忡忡，覺得自己沒房沒車，要怎麼樣才能娶女友進門？（更慘的是還沒女友！）人對財務的焦慮，顯然不是來自當下的帳戶餘額，而在於對「未來財務狀況」的評估。就算一個人明明戶頭裡有幾百幾千萬，但當他「覺得自己錢越來越少」時，仍然會帶來很大的焦慮。你看看身邊退休的長輩就知道了，很多人年紀大了，沒有賺錢的能力，就算存款很多，也都會把錢看得比以前更重，因為每多活一天，錢就會減少一些，這是一種倒數計時的焦慮感！

　　就算我們真能在中壯年存了大筆退休金，提早退休並且每年領取固定收益當作生活費，我認為並不能算是真正的財務自由，反而會產生一種新的財務焦慮！我們會擔心萬一明年投資收益不好怎麼辦？萬一物價上漲怎麼辦？萬一臨時出現大筆開支怎麼辦？明明有大筆存款在帳戶裡，卻仍要承受這種焦慮，我稱作「富人的窮困感」，真的非常划不來！

　　但如果樂在工作，並且持續工作到老年，除了能獲得工作帶來的諸多好處之外，由於財務上持續有進帳，自然不會有「吃老本」的焦慮感。因為有持續收入，還能偶爾奢侈一下，不必嚴格遵守每年花費上限，這樣的「閒錢」

才能帶來真正的快樂，就像學生時代的少年快報一樣！

結論

　　我認為執行 FIRE 計畫（財務獨立，提早退休）有幾個先決條件，必須同時遵守，才可能達成目標。首先你與伴侶屬於高薪族群、都擁有強大的消費自制力、願意維持數十年極簡生活、同時家庭份子單純（無年邁父母與子女）極少意外開支，這任何一條都很不容易。而且更慘的是，當你終於成功達標，存了上千萬退休金後，還不能太高興，因為退休之後，你得更嚴謹地控制支出，一直到離開這個世界為止。這⋯⋯這實在是太違反人性了！

　　那麼解法到底是什麼？這問題我想了不只 10 年，直到今天為止，我的結論跟歐普拉女士一樣，唯一解就是「做自己有熱情的工作」。在財務層面上，擁有持續的收入就不用擔心吃老本，搭配妥善的理財計畫，生活只會越來越好，存量甚至增量都會提升！在心理層面上，除了可以享受工作帶來的多元好處，也能開心地發揮閒錢帶來的好處，這會更接近所謂的「財富自由」！

4.

用錢的方式，
決定你的快樂程度

　　我朋友的生活出現了一點風波，原因跟「錢」有關。簡單交代一下：我朋友是個女生，她和男友多年前共同買了一間高級社區的房子，就在男生媽媽家的對門。一開始還相安無事，但後來男友的媽媽生病，常常大白天跑進來吵鬧。可她是晚上工作的人，白天男友上班，只有她一個人承受一切，完全無法睡覺，結果竟然也忍耐了一兩年，搞到自己精神耗弱。雖然有看醫生、吃藥解決失眠問題，但情況一直惡化，最近已經開始接受心理諮詢。我勸她至少暫時搬離那個地方，但她就是捨不得那間房子。

　　說到這，你可能會覺得是因為「錢不夠」。但她其實能力很強、很會賺錢。那麼問題是什麼？我認為是價值觀，

也就是花錢的方式。

關於花錢，我記得第一次拿到零用錢時，父母就不斷地提醒：「吃東西不要省，買書不要省！」所謂「吃不要省」，絕對不是要你三餐吃得多高級，而是「不要刻意為了省錢降低吃的品質」。原因無他，只因和「健康」有關。我父親常用他朋友的遭遇警惕我：一位數十年來只吃便當的伯伯，剛滿 50 歲身體就出了毛病，一部分原因正是飲食出問題，結果多年省下來的錢都給了醫院。

人跟小嬰兒其實沒兩樣，只要「吃得好，睡得好，幸福就不會少」。所以在吃方面，我比較不會將「省錢」列入選擇食物的考量。古時候窮苦人家為了一餐溫飽辛勤賣命，現代人也是在辛勤賣命啊！如果連口腹之慾都無法滿足，豈不是越活越回去？

另外要提醒男生們：多數女生對「吃」這件事相當執著，一定要滿足她們。我一個女生朋友懷孕時想吃櫻桃，就因為老公嫌貴唸了幾句，結果現在小孩都上小學了，她還在抱怨。用一盒櫻桃換個滿足的笑容，很便宜啦！

睡眠也是。人生有近三分之一的時間在床上度過，買好的寢具，跟你旁邊躺的是誰一樣重要。如果你現在睡得舒服，就不用在意是多少錢買的；但如果睡不好，就該考慮換一套新的，不要因為省錢犧牲掉三分之一的人生。

人生在世，變化無常。辛苦工作賺了錢，卻委屈自己天天吃國民便當，睡在腰酸背痛的床上，然後把省下的錢送給銀行和醫院，實在沒道理。而且要讓周圍的人開心，自己一定要先開心，讓自己吃得滿足，睡得舒服，是對自己最基本、最重要的投資！

　　保守的長輩可能會說，錢都花掉了，將來怎麼買房子跟車子？我倒想問，為什麼一定要買房子跟車子？每次和朋友聊到這點，都常被眾人圍剿，他們認為我耍雅痞，不重視安定。其實我並非一味反對置產，我也很想要有房子和車子。但我想說的是：買房子與車子，要先評估個人能力，搞清楚為什麼要買。許多人過得不快樂，根源就是因為房貸與車貸。

　　前面我們算過了買房所承擔的風險與責任，買車其實也是類似的狀況。以台北而言，試算後你會發現：即使是最普通的車款，加上維護成本，每個月分攤下來都比天天搭小黃還貴。當然，車子不只是交通工具，還有其他周邊效益；但就目前來說，我會省下買車的錢，盡量讓自己每天吃飽睡好、精神百倍！

　　但不買房不買車，並不代表我不存錢。對創業者來說，現金儲備很重要。如果我有把握買下喜歡的房子或車子後，不會拉低生活品質或造成心理負擔，那我當然會

買。只是難免常看到同年紀的朋友，被社會給制約了，僅僅因為年紀到了或結婚，就像執行預設程式一樣買車買房，就算台北買不起也要買林口三峽，每天花兩三個小時通勤，平常縮衣節食就更不用說了。有時他們羨慕我住在捷運邊，小黃隨手招，我只會說：「我有的你沒有，你有的我也沒有，一切都只是個人選擇。」不過我心裡想的是：這些人在選擇之前，真的有思考過嗎？

有人說，中國人把錢留給「未來」的自己，老美把錢留給「現在」的自己。我覺得這兩者都太極端了，應該均衡一下，因為人生不外乎以下兩種結局：

死的時候，錢還沒花完——虧了！

錢花完了，人卻還沒死——慘了！

有位經濟學家說過，「資源分配不均」造成的問題，比「資源不足」更嚴重。朋友的例子，問題並不在缺錢，而是價值判斷的兩難。我們是否可以多用些思考與理性，試著在「虧了」和「慘了」兩者中另闢蹊徑，來個漂亮的平衡。在你被習以為常的觀念束縛前，請重新想想：你到底是「需要」（Need），還是純粹「想要」（Want）？

5.

多花錢，就一定是
不好的選擇嗎？

　　之前曾注意到一款遊戲，當時剛好正在促銷，只要在特定時間內預購，不但可以九折價購買，還能提早下載。但如果沒有參加預購，正式上市之後就會調整回原價。

　　在此先問大家一個問題：同樣的遊戲，你會多等幾天以原價購買，還是在預購期間用九折的價格下單？

　　你讀到這兒，可能會想「這個問題八成有陷阱」。其實問題本身沒有陷阱，除非預購，否則正式上市後，買家就沒有任何優惠。這個問題，完全只是問用錢的價值觀。

　　如果你還在猶豫，那沒關係，我自己先講：那次，我是付比較多錢的那個傻瓜。

　　當傻瓜的原因在於：預購的風險向來很高。除非是

很有「愛」的商品，否則我多半寧願等一等。尤其遊戲這種產品，宣傳內容跟實際狀況可能有落差，所以不熟的廠商，我通常會等正式上市、看到市場評論後，再決定要不要買。雖然這樣會多花一點錢，但那些錢並不是沒有買到東西，至少我買到了「確保整筆交易不會浪費的保證」。**換言之，多花的那筆錢，就是整個交易的保險金。**

好，我要再問大家另一個問題：如果你一開始沒注意到有預購這件事。等你發現時，預購期已經過了，所以價格漲了上去。請問錯過預購的你，還會選擇購買嗎？

這問題的答案，恐怕就有比較大的分歧了！我猜多數人應該會說：「比較貴？那就算了。」沒錯，包括我自己在準備要多花這筆錢時，也是經過了一番「心理掙扎」。

為何會有心理掙扎呢？因為大部分的人在交易上有一個「心理帳戶」：我們會記得之前的價位，一旦價格往上調整，就會開始抗拒購買。**這在心理學上稱為「錨定效應」（Anchor-ingeffect），也就是之前出現的價格，會變成後續的參考價，使人不願追價購買**。這現象在投資方面尤其明顯，例如某檔股票的股價是 100 元，你試著以 100 元下單，但沒有成交，最後收盤價多漲了 5 元。假設你看好這股票長期的走勢，那理論上第二天你應該要繼續追價購買。但很多人看到漲 5 元，往往就不願追價了，只會暗暗

祈禱：「股價如果掉回 100 元，我就買。」所以這 5 元的差價，其實造成了一個心理門檻。但如果真的看好長期的獲利，5 元的差價其實不應該變成阻止我們進場的理由。

當然，我不是說買東西應該要追價。尤其像遊戲這種商品，就算沒買到也不用急，因為總有一天會特價。我想講的是：「省錢」恐怕是多數人從小接收到的家訓。所以對如何省錢，常常是很多人思考與決策的優先條件。只要能夠省錢，就會覺得是「對的決策」。一旦必須多花錢，則會思考能不能「再多拿一些東西」。如果多花錢卻沒有多得到實質的利益，大家會覺得這個交易不划算。用現在的流行語來說，就是「CP 值不夠高」。而大家對於 CP 值不高的交易，普遍抱持很高的罪惡感。

但我得說，錢其實就是一個交易的媒介。我們花錢買的，未必一定要是實質的東西。花錢節省時間、花錢買保險、花錢買人情、花錢買將來的收益，其實都是好的花錢方式。

所以回到開頭的例子：預購期不買，但等到資訊更明確後才花錢，多出來的費用並非浪費，而是買個保險，用來確保交易本身夠聰明。因為多花這麼一小筆錢，才能確保買來的會是自己喜歡的東西。這絕對比急忙想省錢，結果卻買到個爛遊戲、玩一下就不玩更划算。至於日常用

品，如果某個東西是真的必要而且合用，到店裡後卻發現漲價了，這時候其實也應該買回來。多付的錢並非浪費，而是讓自己不用忍受不便，也不必繼續到處搜尋，節省時間。所以如果轉個角度思考，多花錢也未必都是不好的。

此外，如果一心只想著要省錢，有可能會錯過更多東西，例如「機會」。

有一次在我們開設的商業模擬經營課程上，看到其中一組學員就很努力地在縮減開支：包括裁員、降薪、減少進貨等等。可是他越這麼做，店收入反而越不見起色。

回頭檢視倒也不難理解，畢竟做生意時「開源比節流的重要性更高」，過度節流會讓店面人手不足、進貨不夠，使銷量下降與薪資縮減，結果反而造成員工效率與行銷預算降低，讓生意變得更差。在惡性循環下，生意經營的基礎也不穩了，這表示一味省錢不見得是好事。

所以，大家都該努力打破腦中的捷思機制。畢竟我們有許多從小學到根深柢固的原則，但成長的過程中，應該不斷辯證這些原則是否能一體適用於日後的每個選擇，而非只是直覺地使用這些原則。

千萬不能過度依賴某些原則而停止思考，不能讓自己在直覺上有「因為符合某個原則，所以就是好的」這種快速結論。省錢有好的省錢，也有不好的省錢，並非只要能

省到錢就一定是好。在做任何結論前，請停下來緩一緩、
多想想，或許會有不一樣的心得與選項出現！

6.

25歲起該懂的理財規劃！
兩個公式讓你走入
財務的正循環

在人的一生中，「個人的財務管理」其實是個至關重要的議題。談錢俗氣，但是理財能力若是低落，卻會直接影響人生。所以，這也是個成熟大人該懂的議題。

遺憾的是，自我理財如此重要，從小到大卻沒人好好教我們。因此我也看過不少人，因缺乏這部分的認知，做出錯誤的生涯選擇。

在此，我想分享一個非常簡單的「個人的系統化管錢概念」，讓各位遠離可能出現的財務問題及風險。這其中包含兩個公式：

公式一：

（A）每月收入－（B）生活必須費用－（C）負債償還
＝（D）可支配所得

公式二：

（D）可支配所得＋（E）被動收益－（F）購買奢侈品
＝（G）每月可投資金額

基礎：定義及用法

（A）每月收入

這裡指的是「主動透過工作所獲得的進帳」。比方說你是上班族，你的薪水屬於（A）。你是自雇者，你接案的收入也屬於（A）。你是講師，你的講課鐘點費。你是作家，你的稿費。你是計程車司機，你開車的收入等。

要注意的是，（A）可能是固定的定值（如上班族的薪水），也可能是不固定的（如接案的費用）。是否固定其實沒關係，總之就「保守地」抓個平均值即可（這是給你自己分析用的，所以請保守計算）。如果真的每月變動起伏很大，也可以透過分析後面幾個項目，來反推自己每月的（A）到底該要多少才足夠。或是以此來計算自己該準備多少的生活準備金，來面對收入不足的月份。

（B）生活必須費用

　　這裡指的是你維持生活的必要開支。比方說，房租、水電費、食物、衣著打扮、化妝品、交通費、娛樂費等。思考時請不用過度苛扣自己。每一項都先列出你覺得合理合宜的數值，這樣才具有分析的意義。你也許會發現合理的生活水平比收入高很多，這也讓自己清楚知道中短期努力的目標該是多少。（B）的某些項目，如化妝品，雖然不是每個月都買，但可以抓一個定額（如一年 $5,000）來攤算到每個月份（如 $5,000/12）。

（C）負債償還

　　這裡指的是你必須每月償還的負債。可能是學貸、信用貸款、家中負債、或是你信用卡沒能還完的循環利息。如果沒有，當然最好，就是 $0。

（D）可支配所得

　　計算完（A）（B）（C）後，你會得出每月結餘，也就是每個月「你可以額外可以支配的所得」。原則上來說，這數字應該要越大越好。而且，應該從此之後每月計算，來了解自己（D）的趨勢變化。趨勢下降，那就檢討一下發生了什麼事情。這才是「主動理財」的態度。

（E）被動收益

這指的是你當月「就算沒有工作」也有收益的事項。比方說銀行的利息、投資的收益、股息、債券利息、租金等收入。但買了金融商品（如股票）所漲價的部分不要算入，因為這個月漲，不表示下個月漲。但你若買了特定股票，今年收到 3 元的股息，雖然明年可能調低或調高，卻是可以算入被動收益。只是你得定期檢視一下，自己被動收益的狀況及變化。

（F）奢侈品

我們大家總會有些想買的好東西。這跟（B）的差異，在於（B）是每個月的必須生活開支；而（F）則是如相機、包包、遊戲、手錶之類的高價東西。

（G）每月可投資金額

最後算出的，是你每月真正的結餘。當你還年輕時，這個結餘要想辦法做「最有效」的利用。所以我把這結餘稱為「每月可投資金額」。

進階：調整與應用

當你將自身狀況盤點過一遍後，就能此兩個公式中，

找出你該強化或是深度思考之處。但要思考什麼呢？比方說：

1. 如果你的可支配所得（D）很低，先看是不是負債償還（C）太高了

（C）太高如果是因為學貸或是過去的欠債，那請先用力把這部分以最短的時間降到最低（因為欠債通常有利息，也讓你手上更沒有資源做進一步的投資）。如果（C）太高是因為卡債之類的消費習慣，請盡快優先還債，同時檢討自己在（F）部分的消費習慣。

有慾望沒問題，但最好幫自己做個奢侈品採買計畫。把這些開支平攤出去（如一月配眼鏡、二月換冰箱、四月買包包等），而非一發現優惠，就勉強自己舉債刷下去。

此外，也別讓自己的現金流卡太緊，手上務必有些存款，畢竟生活中還是會有一些意外（如生病、或丟了工作），或是紅白帖之類的開支。

2. 如果可支配所得（D）很低，但負債償還（C）也很低時

這時候你該「優先思考」的，是自己還有沒有辦法多投入一些時間或是金錢，做出能增加每月收入（A）的事情上。如上課、讀書、學新技能、或把既有工作的熟練度磨強一些。或是若行有餘力，也思考思考是否還能從事一些

副業，如寫作、畫圖、做甜點、網拍之類。這時代其實很難一輩子當領薪水的上班族，越年輕的時候讓自己習慣不仰賴薪水，這也能讓你長期的人生自由度提升。

不去思考開源，只是一味地降低生活必須費用（B）大多時候並不值得。一來能降的幅度有限，二來若你把可以提升自己的時間，都花在找折價券、走三個小時的路上班、或排隊買便宜的東西上，長期而言，對你增加的（D）終究有限。

當然，很多理財書要你從此不出門玩、不喝咖啡之類的建議。但我偏見覺得這幫助在這時代實在有限。還不如去思考開源的可能。要成功，人其實需要有野心！所以與其拼命省錢，還不如去想「該怎麼才能讓自己能過最起碼（B）所列出的合宜生活！」但是，我要提醒的是，這建議也不是要你從此過度奢侈。比方說明明月薪 30K 還天天計程車上下班。但如果你已經不是過度鋪張浪費的人，只是偶爾喝喝拿鐵，這樣的慾望反而能讓你有不斷想提升自己的動機（努力的動機，跟慾望還有野心終究是連動的）。而且若是每天辛苦工作，卻總沒有自我犒賞，恐怕人也很容易會崩壞。

3. 至於每月可投資金額（G）太低時

這有可能是過去以來，慾望都太高無法節制（F太高）。我會建議，盡量不要讓自己把（D）都花在對未來沒幫助的奢侈品（F）上。畢竟你的將來，仰賴的不是（F）而是（A）、（E）。但（A）、（E）要能拉高，你其實需要（G），並把（G）投到對這兩項有幫助的事物上。

4.（G）太低還有一個根源，往往就是（A）太低了

所以你若還很年輕，你其實該優先思考的是怎麼提升（A）。比方說前面提到的，買書、上課、學技能。因為這時候你（G）很可能很低，甚至連生活必需都得很摳才能過活。所以擠出錢來做能累積（A）的事情，是最能有回報的。舉例而言，你若只有 25K，學個實用的技能，可能過一兩年就跳 30K。這是很高的成長比例。

5. 我拿少少的薪資去學投資不行嗎？

學投資當然也可以，可是你（G）很少，表示你本金也很少。假設每個月（G）只剩 $3,000，存一年也不過 $36,000，除非你本來就是金融投機上的奇才，不然只是以利息收益為主的投資策略，你其實獲利有限。最後就只是讓自己長期處在一個困局中。別忘了，時間是你的朋友也是敵人，你若沒盡早把自己拉入一個有餘裕的位置，隨著

年齡增長，你的自由度其實是會下降的。

6. 不要無限制地投入工作

但當你（A）逐步提升了，你的（G）開始寬裕了，就請確實學些投資相關的知識。原因在於，賣時間與體力的（A）很快會有天花板，此外，隨著年齡增加，你也不可能無限制地讓自己投入工作中。

所以當有（G）餘額的時候，就該放在可以增加（E）的資產上。只是投資知識需要花時間，也可能需要有可以虧損不會立刻影響生活的本金，所以不要太急著想把錢投入（E）。但也可以先學學投資理財的知識，等到你累積一些本金後，就可以慢慢增加（E）的比重。持續這麼做，長期而言，就能走入財務的正循環。

7. 被動收益該如何拿捏？我很忙，可以交由人代操嗎？

關於（E），我的建議是，請盡量自己學。把錢交給別人，又期望它能無限增值這期待本身是不太合邏輯的。會把你的錢認真當一回事的終究只有你自己。雖然投資是個需要長時間鑽研，而且很難精通的遊戲。但不踏出第一步，自然永遠不會懂。25 歲的你，其實還有大把時間可以學習。最少買些入門書，了解一下各類投資工具到底什麼

是什麼吧！

　　p.s. 附帶一提，其實不只投資，人生很多事情最終都只能仰賴自己。25 歲的你，請別太輕忽了人生的艱難啊 :D

7.

金融投資的
十二個原則

　　談了這麼多用錢的選擇，在這章節的最後，想跟大家分享一下這幾年我陸續領悟到的投資原則。這些原則，是我自己覺得要是能在 25 歲時就知道該有多好的事。每一則都很重要，也是我這幾年在金融投資上選擇的基石，所以特別想在此分享給大家。除了提醒可能的投資陷阱以外，也希望大家在投資的「選擇」上能想得更全面。

一、別夢想一夜致富

　　進入金融市場時，首先應該有的觀念是：別想一夜致富。

　　很多黯然退出的人自認運氣不好，但我覺得他們是在

「不必要的時間或狀態」上承擔了過高的風險。明明懂得不多，卻因為貪婪、或因為市場看似一片大好、或因為他人慫恿而過度借貸，賭上全部身家在一個他認為「錯過會後悔一輩子」的標的上。結果好運沒發生，反而被市場逼著走人。這種狀況最慘的還不只是損失金錢，心理上的重擊更讓人意志消沉，甚至再也不敢做任何投資。

之所以把這點放在第一項，是因為剛進市場的人，通常會急著想追上別人。看到周圍的朋友都賺了錢，自己卻才剛起步。這份急躁感，會讓人想要抄捷徑。

但其實市場是循環的，有大漲也有大跌。這次錯過了，下次還會再有。所以應該先讓自己準備好、站穩腳步，這才是長期平安的策略。

二、只用閒錢

投資不可能只贏不輸，所以需要週轉、可能急用的錢，千萬不要拿來投資。因為如果在金錢調度上有壓力，就可能做出不理智的選擇。如果投資的資金有使用的期限，也很容易會想「鋌而走險」：在快要使用時賭一把。因此日常的重要花費，如生活費、學費、繳貸款、醫藥費和其他必須用途的錢，請放在另一個帳號中，絕對不能拿來投資！

投資沒有穩賺不賠的公式。手上的錢如果是必要的花費，只要錯一次，就會連帶搞亂自己的人生，最後陷入麻煩的境地。

三、不要借錢

比起拿急需使用的錢，借錢更是糟糕的決策。

因為借錢投資會帶來的壓力更大。除了有本金償還期限的問題，還有隨著時間不斷累積的利息。人在這壓力下，會更急躁並傾向要找能盡快獲利的標的。可是能盡快獲利的標的，風險通常都很高，也容易帶給持有人較高的恐懼感。而恐懼感會讓人在小賺時傾向逃走，在大虧時則被恐懼震懾而祈禱反轉，很容易走向小賺大賠的模式。

借錢投資還有一個問題：賺的時候雖然獲利倍增，但賠錢也是加倍在賠。一旦投資失利就要背債務跟利息，甚至連以後的人生都賠進去，得不償失。

四、不要跟單

剛開始學習投資的人，最重要的一件事，就是要在過程中逐步了解規則，進而慢慢學習屬於自己的判斷與操作方法。

換言之，在搞懂這些事情之前，不該盲目接收別人推

薦的標的。因為沒有經驗的投資者，通常不具備判斷力。若貿然跟單，下場通常都很慘，畢竟你如何能判斷別人給的消息是「明牌」，還是「冥牌」？

就算別人沒騙你，給你的也是真實的內線消息。但金融狀況瞬息萬變，三個月前還是真的訊息，現在可能已經不適用了。在聚會上告訴你他們工廠接到大訂單的人，或許真是該公司的員工。可是聚會回去後沒多久，工廠訂單被抽走了，這訊息他未必會再通知你。除非是你自己的第一手消息，否則任何聽人分享的部分，一旦狀況有變你可能也不知道。若以此做為投資依據，最後還是可能會得到不好的結果。

此外，就心理學的角度，跟「高手」下的單，當他看錯時，你絕對會賠很慘！高手或許有一個支持看法的依據，以及進退攻守的基本概念。比方說買進後突然發現英國脫歐的衝擊，他可能立刻會調整策略。但是跟單的人未必理解這些，反而會因為「堅信」大師的分析而緊抱不動。等最後發現不對時，通常已經受傷了。

那什麼時候可以聽呢？以我自己的習慣而言，我其實是完全不聽的。決定要進出時，甚至連電視、報紙、雜誌、理財版都不看。因為人不免會被別人干擾與影響，最好把這些都隔絕在外，才能避免雜訊的干擾。

相信我，真正有用的訊息，不會出現在雜誌與報紙新聞上。大眾都知道時，要不是時機已經過去，就是要倒貨了。何必讓自己成為別人利用的目標呢？

五、不要梭哈

無論多有把握，都別想一開始就梭哈！

如果你一次投入你可用資金的極高比例在同一個標的上，情緒壓力其實是很大的。也因為壓力大，很容易被人性驅使賺一點點就跑。但當走勢不如預期時，人性卻因為資金虧損幅度無法承擔，反而會自我催眠說「再看幾天好了」。往往原本只會損失 3～5% 的，但看幾天、走勢更糟後，變成虧損 10%，這種狀況會讓人更難跑，眼睜睜地看著虧損幅度增加。這樣幾次下來，其實很可能賠多於賺。還不如攻守有致地分批進場，在有獲利保護下往上加碼，這樣心理壓力比較小，也比較能真正獲利。

六、一旦面臨重度虧損，先退出

虧本時，千萬別急著翻本。一旦有這個念頭，就會出現類似賭徒的選擇：下大單、隨意亂買，期待突然噴出的行情。結果因為不切實際的想法，反而更快把剩下的資金玩完。

急躁是危險的敵人，不但影響決策能力，也影響處世的態度，容易在日常生活上焦躁易怒。到時不僅賠錢，還可能造成人際與生活的不協調。

這時最好的選擇，其實是休息一陣子，反省、找尋前次失敗的盲點與問題。因為如果沒找到，不管運氣再好、賺了多少或翻本，只要問題再度出現，就會重複面臨重度虧損！

七、不要炒短線

尚未培養一定程度的感覺時，千萬不要炒短線。某些時候，炒短線或許可以賺點錢：早上買，中午賣，就能賺一點差價。所以很多人不免想著：每天賺一點，一個月也有幾萬元不是嗎？

但實際上不然。因為這樣做，你會把自己暴露在兩個風險中：
1. **錯過真正的波段大行情**
2. **因為突然反向的意外走勢而受傷**

雖然每天賺些小錢好像很快樂，但做短線的人因為每天都不留倉，所以波段行情漲勢劇烈的一段常常是隔天開

高走高，這時候往往跟不上。而盤中若有意外大跌時，卻可能會因此受傷。換言之，又是一種長期下來容易賺小賠大的走勢。

更不利的是，因為每天盯著盤面，所以把時間也賠進去了，卻沒有因此提高獲利勝率，這其實很可惜。請記得：金融投資不是上班，沒有穩定賺小錢的方法。應該讓自己著眼於長期的大行情，而不該被短線的波動迷惑。

八、從長而短

最好一開始就從長期來判斷，然後慢慢縮短時間週期。因為長期判斷相對比較容易，也有較多的時間來反應變動。千萬不要從短線開始介入，想說賺點價差就好。因為觀察的週期太短，中間的變動可能會干擾對金融知識的吸收能力。應該先研判中長期的趨勢，再來研究短期的現象，這才是有意義的學習方式。

九、態度要正確

無論以投資還是投機當起點，一定要堅持「原本定義的選擇」：千萬不要從投資切入，中途卻轉為投機；或是從投機切入，結果中途轉成投資。

這是什麼意思呢？有些人進場時是為了搶短線，想賺

兩三元的價差交易。但等到下跌了，卻跟自己說其實是想長期投資，乾脆慢慢放著等將來回本的那天，這就是心態反覆了。

但請知道，不同的交易態度有不同的原則。選擇投機的話要有規律，該停損時就跑，而不是轉移心態自我欺騙；若選擇投資，認為有長期價值的話，也不該被一兩天的漲跌嚇到。

另外，無論投資還是投機，都不該把心思放在「黑馬股」或「轉機股」上。剛入市的人最喜歡選擇數倍獲利的標的，聽到什麼有轉機就覺得可能獲利好幾倍。但新手介入投機成分過高的項目，死的機會其實很大。金融市場是個包裝亮麗的吃人市場，並沒有輕鬆好賺的東西。

十、注意資訊不對稱的問題

當你知道任何消息時，請想想下面的問題：

「你是誰？這麼好的事情，為何讓你知道？」

「為何選擇你，而不是更有錢或更有地位的人？」

「知道這個消息，是因為你很特別，還是別人刻意讓你知道？」

「為何一個陌生人自己不砸鍋賣鐵、借錢去買，反而選擇好心地讓你知道？」

很多投信、投顧老師一直叫人買股，說之後會上看多少。但如果真這麼好，大股東為何一直轉讓？說的人為何不趕快搶便宜？別的領域或許會有人推薦你好東西，但在金融市場裡，好東西是不會被推銷的；需要被推銷的，則肯定不會是好東西。

十一、市場沒有聖杯

投入市場一定要有心理準備，得花很多力氣與時間去學習與研究，沒有什麼神奇的指標或輕鬆賺錢的方法。就算有，也不是電視或網路可以找到的，更沒有加入會員就有人幫你賺錢這種好事。請永遠記得小學老師教過的道理：天下沒有不勞而獲的事！

既然沒有不勞而獲的事情，與其花時間找必勝程式、單一指標、簡單的買賣訊號，倒不如踏實學習、充實金融知識、了解投資態度、修養自我心境，培養耐心及磨練「果斷性」──果斷砍單或是果斷進場。人的一生很長，只要你方向對了，而且保持每年穩當的獲利，複利下來，也能產生可觀的收益！

十二、不要自滿或極端

最後，就算偶爾看對一次賺了錢，還是該維持戰戰兢

兢的心態，永遠不要自滿。保持謙虛，持續研究與修正。目前的方法可能適合特定市場，或是適合特定走勢（如多頭走勢），但等到趨勢改變時未必依然能一帆風順。唯有保持對市場的敬畏，戒慎恐懼地慢慢走，才會走得久。

　　金融市場沒有一成不變或絕對如何，有時候運氣也佔了一定的比例。即使賺錢，也不要嘲笑別人或自大狂妄，否則會陷入自己是天下無敵的迷思。虧錢時更不該自暴自棄或急於翻本，應該找出盲點，別急著想靠一筆神奇的交易攤平。

　　以上這十二點，是我們在面對金錢投資的選擇前，應該時時拿出來提醒自己的原則。而這些原則也能幫我們避開風險，並穩當地從金融市場中慢慢成長。

創業經營
的選擇

1.

創業的起點：
選擇你的商業模式

　　已經不知道多少次了，有人來找我談他的「咖啡廳開店計畫」。幾乎毫無例外，當事人花了很多時間談如何裝潢、用什麼豆子跟牛奶、打算提供哪些餐點之類的，卻沒想過更現實的議題。我每次問起來，他們多半也不當一回事，總覺得只要咖啡煮好，那些事情馬虎一些也無妨。

　　這真的是許多人準備創業時的一大盲點，以為產品就是全部。但產品其實只是決定成敗的一個因素，產品好不見得能讓生意延續，不好也不一定沒有競爭力。

　　事業若是在 Business Model（商業模式）上有根本瑕疵時，無論產品多好、創業者多努力，最後都無法存活。可是我看到很多想創業的朋友，常常沒仔細想過各個面向，

以致在我問對方的 Business Model 是什麼時，對方往往瞠目結舌，甚至反問：「不就是做最好的咖啡、準備最好的環境，再賣給客人嗎？」

以咖啡廳而言，多數人常常只考慮咖啡要比星巴克好喝、如何裝潢、店面氛圍等條件。但除此之外，其實還有很多核心事項要思考，例如想針對哪個族群？怎麼定價？如何控制成本？怎麼監控成本？品質要求到底該定多高？需要哪些員工？找哪些供應商？以及營運的核心流程如何制定等等。

這些要素對抱持夢想的人來說可能很無聊，感覺開店的浪漫情懷都摧毀了。但如果沒思考這些，生意就不可能長期持續。很多店家正是因為地點不好、成本控制不佳、無法長期維持穩定品質等因素，最終慘遭市場淘汰。

這幾個要素，我們在後續幾篇中會陸續細談。這篇我想先跟大家強調的是：一個好的商業模式，除了產品，還得考慮以下九件事。

一、目標客群 Customer Segment

你該思考這門生意的商品或服務，最後要賣給誰。是打算走大眾還是小眾的利基市場？是針對女性喝下午茶還是想安靜讀書的學生市場？這些決定都會影響商品與成本

結構、裝潢、地點、品質、服務流程等條件。就算咖啡好、用料實在，但開店位置的消費族群若不懂咖啡，可能覺得你定價過高，乾脆繼續喝超商咖啡。在這種情況下，品質雖好但價格卻無法應付成本，這項生意就難以持續。

二、價值提供 Value Propositions

所謂價值提供，是指你的生意到底在賣什麼。

很多人可能會想：「咖啡廳不就是賣咖啡？」但對很多顧客而言，價值未必單單是產品本身。有些咖啡廳是賣「解決商務人士的公事需求」，或「便宜使用無線網路的環境」，咖啡只是座位的門票。當然也有些店賣的是歸屬感、是氣氛、是文青的小確幸，像星巴克就是賣品牌所賦予的品味。消費者未必是想喝咖啡，而是為了能買到手持星巴克 Logo 杯子走在路上的時尚感。

因為每間店賣的價值都不一樣，後續在做法、產品規格、品質要求、裝潢布置、人力配置上也可能大不相同。讓商務人士談公事為主的店，可能場域要夠寬廣，隔音要好，而且有舒適的座位。但強調咖啡風味的店，就算只有小吧檯，可能客人也不在意。這些要素都大大影響了店面大小、租金、裝潢、員工素質、員工人數等不同的變因。

三、產品通路 Channels

除了產品交送的方法，也要讓潛在客戶知道你的管道，並分辨你與他人的差異、了解客服處理途徑等等。因為大部分想開咖啡廳的朋友都會花心思去想，所以這部分就不再多言了。

四、客戶關係 Customer Relationships

這是指你打算如何經營客戶，讓他們滿意，並且重複消費。

比方說，你想經營溫馨小店，讓每個客人都能在吧檯聊兩句的話，就要找懂聊天的服務人員。若想吸引咖啡愛好者，或許會需要經營社群，請滿意的客戶拉人或上網宣傳。若只是提供商務人士一個談事情的場域，只要環境OK、有免費 Wifi，就算毫無服務，讓他們自己倒水端咖啡，通常市場也可以接受。

所以不同的目標與客層，會影響客戶關係的經營。經營前須先搞清楚自己要什麼，才能設計符合效益的流程。

五、營收來源 Revenue Streams

指生意該如何賺錢，並思索怎麼讓顧客增加消費。

有些店除了咖啡，可能還兼賣點心與簡餐。有些店會靠租借、包場給別人辦活動來賺錢。除了賣單次的商品外，也要思索如何讓消費者增加購買。如集點活動讓消費者一次買十杯，或是咖啡搭配套餐可折價等等。

商品定價雖然是關鍵，但並非價位便宜就一定好。這跟店面目標、客層定位，甚至是成本結構都有關係。如果每次月底結算都發現入不敷出，就算客人再喜歡，生意也一樣難以維繫。

六、關鍵資源 Key Resources

創業時，該思考自己對關鍵資源的掌握度有多高。

以咖啡廳來說，豆子、咖啡機、煮咖啡的人，都可能是關鍵資源。如果自己不懂，就要在合理的成本下雇用（或取得）才行。無法掌握關鍵資源、空有點子的話，是不能成功的。

七、關鍵活動 Key Activity

簡單說就是「流程」兩個字。

即使完全掌握關鍵的資源，還是需要清楚的權責、做事方法、回報層級、分工、支援機制等，才能讓大家整合成「一個團隊」。如果缺乏好的流程設計，就算成員各有

才華，最終也很可能只會爭議不斷。

就算有一兩個極度的強者能一人身兼數職，也往往得忙得要死才能勉強把價值傳達給客戶。但這樣操勞不可能維持一輩子，只靠人治也很難拓展生意。所以像麥當勞或星巴克這類企業，就花了很多心力設計流程、降低對人的依賴度。一旦流程設計夠完善，就算最後大部分的員工是時薪人員，也能提供一定水準的產品。

八、關鍵夥伴 Key Partnerships

除了創業夥伴，還得考慮這門生意會跟什麼人合作。

畢竟咖啡煮得好，不表示點心也做得好，有可能會需要找外包協助。這樣就得考慮品質、送發貨、成本結構、存放、結帳等。事業做得好，也可能需要策略夥伴一起合作，或需要有人協助擴張營運（例如再找人加盟）。此外，如果自有資金不足，可能還需要找人合資，或是找外部的投資人。這時候就要再考慮出資比例、股東權利義務、經營團隊、財務報告，以及股東期待控制等問題。

九、成本結構 Cost Structure

並非成本低就是好！若你訴求的是極品咖啡，這種我們稱為 Value-Driven 的結構，客戶定位可能是願意付高價

的極度愛好者，那成本結構考量就得以品質為優先；但如果是讓商務人士有個落腳的地方，即使咖啡像洗碗水客戶也不在意，那這種 Cost-Driven 的結構，或許可以盡量降低成本，雖然低價也可能維持合宜的利潤。

其他還包括是否大量採購原物料（但不能忘了存放問題）、或是如何分攤固定成本等要素，這些都可能影響長久經營的穩定度。

為了方便大家理解這九大原則，我以咖啡店當成範例。但就算不是要開咖啡店，也應該用這九個原則思考你的新事業。在創業之前，先試著把 Business Model 的概念搞清楚，不要因為一兩個點子而沾沾自喜，更不要認為思考經營面會破壞創業的浪漫情懷。畢竟創業最終是要在市場上展現價值，並取得客戶的認同。唯有如此，你的浪漫情懷與夢想，才可能真正傳遞出去！

但也可能有讀者會覺得疑惑：「我想經營的並非一個商業模式已經定型的產業。之後有可能打算投入一個不知道客人是誰、不知道如何收費的新創事業。那我又該如何思考呢？」因此接下來的篇幅，我們就來一起聊聊新創事業該思考的幾項問題吧。

註 本篇文章所提的九大要素，參考自《獲利世代》一書。
　作者 Alexander Osterwalder & Yves Pigneur，台灣版由早安財經出版。

2.

新創團隊該選擇
把心力聚焦在何處？

某次演講時，我分享了一個創業案例。結束後有位聽眾提問：「您剛剛講的案例讓我好訝異！這點子聽起來沒什麼了不起，背後也沒有技術門檻。他們難道不怕公布出來後，大公司會搶著做？」

這真是一個好問題。

事實上，能從市場中存活下來的創業者，往往不是光靠一個好點子，而是透過以下三項努力累積出競爭力：

一、凝聚最小戰鬥單位

新創者大部分的瓶頸在於團隊。找創業夥伴這件事，要考慮的面向實在太多。除了「工匠、總管、行腳商人」

這三種特質的人才需要齊備外，三種人才的共事默契，更是事業順利的關鍵。

因為技術能力好的，不表示性格好相處；性格好相處的，不表示目標一致；大目標相近的，不表示執行方式、優先順序看法相同。就算團隊目標都統一了，等開始做事時，往往會發現還有很多工作習慣得慢慢磨合。

正因為找到好團隊不容易，所以創業前就該好好物色團隊，而不是等有了點子跟想法後才來找人。至於怎麼有效率地找到夥伴，又該關注哪些篩選條件，這議題我們等下一篇再來討論。

二、提高執行力，並快速測試市場

這世上的好點子太多了，找間星巴克待上一個下午，會聽到十多個隔桌客人討論的各類商業點子。但為何創業的成功率還是不到百分之一？關鍵就在多數團隊卡在「執行力不足」這檔事。

其實執行力不足還不是最糟糕的。很多團隊把成品或服務完成後，才發現市場不買單！點子或許夠好，但並不能轉換成收入。

所以除了好點子與好的執行力，更要想辦法驗證「商業模式」是否可行。確定商業模式必須分秒必爭，那是比

「點子是否完美」更重要的關鍵。好點子若搭配錯誤的商業模式，最後多半也是一場空。所以確認市場的反應，要比默默在辦公室裡想點子、設計產品的優先順序更高！

像我在那場演講舉例的，是個小眾商品，點子本身沒有太了不起之處，大公司絕對可以自己搶來做。可是因為它的市場小眾且獨特，大公司考量成本效益，不會貿然進場，因為不確定生產出來後要賣給誰。但對一個新創團隊而言，這種規模才是「好入口的魚」。

近年流行的募資平台讓人把點子放在網路上，也是聰明的做法。創業者可知道有多少人對這產品服務有興趣，等於預售：先把東西賣掉，取得資金以及市場情報，再回頭開發與生產。至於生產多少、能否損益兩平、充分獲利？在募資完成後就可以估算出來。

反之，創業者若是自己投資生產、積了一堆庫存，才開始想該怎麼行銷、怎麼找通路、找買家，那就是一種豪賭了。雖然點子在開發前都密而不宣，但整體風險反而更高。雖然你的點子完美保密了，但最後若沒有市場，一切還是空談，何況你還押了大筆的時間與金錢下去。

另外，別以為點子獨一無二就是件好事，市場上沒人做的點子有兩種：一種是從沒人想到，一種則是早有人想過，但發現沒市場所以不做。新創團隊在初期的資金都不

會太寬裕，搞清楚自己的點子屬於上面哪一種，其實是最重要的。所以該儘快讓點子接受市場的檢驗、試探潛在買家的需求，才能更靈活有效地布局新事業。

三、能儘快產生現金流入

新創團隊應該把「有錢進來」當成一切思考的核心。之前跟一些沒有實戰經驗的人聊經營，他們常見的謬誤是把點子當核心，將賺錢弄得太迂迴，認為「如果我這樣做，就會有很多人來使用，可以累積用戶數；等有足夠的人使用後，我就開始賺錢了」。

我覺得這是不太對的。若不能儘快從市場賺到錢，就得想辦法生出一個好故事，以便從投資者、金主或政府手上拿到營運資金。但如果沒辦法直接從市場獲利，精明的投資者通常也會猶豫。就算他們有意願，恐怕也會開出非常嚴苛的投資條件（比方說佔很高的股份）。

此外，投資者的錢常常比市場的錢難拿得多。你得花很多心力驗證、說明、解釋，甚至包裝。就算拿到錢了，後續還會被監督、被稽核、被要求提報告。所以拿了別人的投資，就得額外滿足很多需求，甚至得不斷提供故事。而這錢通常也拿得不踏實，萬一政策改了、金融風暴、金主厭煩，或他們有其它投資標的，都可能被抽資金。如果

沒辦法迅速獲利，一旦別人抽手，點子再好也無濟於事。

　　所以，寧願點子小而簡單，但可以有穩當的營收，也不要在沒錢、沒團隊、沒資源時就想做很偉大的點子。因為很可能來不及做出成績，自己就因為現金控制不良而失敗。即使稍微有起色，也可能因為資源不足，反而被大公司進場搶走！

　　商場的現實是，誰先想到某個點子不重要。若沒有充分的資源，最後也很可能守不住。所以沒經驗的創業者最該想的，是先凝聚團隊、測試市場、想辦法從市場獲利，以便鞏固第一桶金。等第一桶金有了、經驗也充分、對市場夠了解，才有資格談要做「能改變世界的奇幻點子」。

　　換言之，如果你懂經營、有創業經驗、知道怎麼行銷、懂得怎麼組團隊，改變世界的點子才有可能在你手上實現。在此之前，學習踏實經營、儘早了解市場，才是最重要的任務。

　　另外有個顧慮值得一提：「有沒有可能我找了幾個認同的人合作，但最後他們搶了我的概念，然後把我踢出團隊呢？」

　　我承認，這個顧慮是對的，確實有可能發生。但是在這情況下，無論你怎麼保護點子也沒用，因為要找人合作，還是得分享點子讓人知道，而且必須全盤托出。有些

創業者基於保護自己的心態，傾向找一個能力較弱，或是不具備關鍵專業的夥伴，因為感覺他們比較不會將點子占為己有。但這樣的選擇，卻製造了一個更嚴重的問題：當團隊不夠強、不夠有野心時，執行力也不會好，最終點子成真的機會就更渺茫了！

所以要從事新創事業，就必須找夠強、夠有野心的團隊，這點是不能妥協的！但這些人比我厲害，把點子占為己有怎麼辦？解法在於，你必須確保跟團隊合作的基礎，是建立在「自己擁有團隊渴望的價值」，而非「自己是第一個想到點子的人」上。什麼是渴望的價值？例如實現點子所需的特殊技術、銷售能力、募資能力、後勤能力、人際能力、搞定阿宅工程師的整合能力等等。「工匠、總管、行腳商人」等核心職能，只要你具備其中一項，團隊會因你的能力而變強，其他夥伴當然也不敢輕視，因為你擁有的將是能帶領大家達成夢想的能力，而非僅僅是第一個想到點子的人。

3.

選擇你的創業夥伴

　　之前遇到一位朋友，說有個不錯的點子想嘗試，只是目前不懂技術，還在物色夥伴。聽完後，我鼓勵他有夢想就往前，一定要逼自己踏出舒適區，千萬不要辜負自己抱持的理想。

　　沒想到後來再遇見、關心進度時，他卻說這件事完全沒進展，也還在原來的公司上班。我以為他打算放棄點子不實現了，或是已經有了新的目標；結果他跟我說，他已經花了兩年的時間，卻沒能找到合適的夥伴，以致這個夢想就這麼蹉跎了。

　　這兩年間，他很積極地參加各類活動、演講、課程、Startup 的聚會，也很積極地認識別人、到處發名片。但大

家只有一開始的聯繫很熱絡，之後很快就失去了連結度，以致沒什麼下文。他覺得這類人脈的幫助好像不大，也始終找不到自己需要的夥伴。

關於「找到合適的夥伴」這件事，相信也是很多想創業的朋友感到困擾的問題。我會建議把握下面三個原則：

一、認識新朋友時，應該把自己的理想講出來

每個人參加社交活動的目的都不同。有人單純想認識朋友、有人想聽演講自我成長、有人來找投資標的、有人享受熱鬧的氛圍、有人想聽別人在幹嘛、當然也有人想來找合作夥伴。所以在這類場合認識的人，除非事後努力建立關係，或是每場都到，否則連結度會很弱。因為不在一起生活工作，或是工作內容差距很大，最後有可能變成只是臉書上的網友：發文時互相按個讚，然後都沒再見過面。要從中找到一起合作、把點子做出來、甚至一起創業的夥伴，就實務來說是很困難的。

比較好的方式是，只要有到這種場合，就跟別人分享自己將來想創業的念頭。因為這類場合本來就有各式各樣的人，但並非大家都有冒險的精神。雖然你急著想認識夥伴，但如果培養感情後，才發現對方壓根只是上班族，沒想過離開公司，那不就傷腦筋了？還不如一開始就讓大家

知道你的心態，抱持類似想法的人自然會想多接觸。而沒有打算創業的，自然也不會跟你互動太多。這樣反而更能將新朋友快速分類，篩選出想創業的人選。

二、建立自己的品牌形象

當別人知道我們的專長時，我們就比較有機會參與重要且有趣的案子（畢竟大家都想為好案子找高手），也較容易獲取超額報酬。而且累積幾個好案子的經歷後，往後就會有更多好案子找上門，讓職涯走入「正向循環」之中。

而這一切的起點，就是要儘早讓周圍的人對你有某種品牌形象，例如「數字能力很強」、「很懂電腦」、「很會行銷」、「對溝通協調很有一套」等等。品牌形象建立之後，別人才有可以認識我們的標籤，能立刻分辨我們的價值在哪裡。例如「喔，你需要找專案管理的專家？想學邏輯思考？那當然找 Joe 或 Bryan！」一旦別人提起你，能有類似這樣的印象時，別人就可以立刻分辨你的「價值」在哪裡。當他缺這種價值的搭檔時，立刻就會想到你！

不僅工作上是這樣，若將來打算要創業的話，這個動作更重要。既然需要找夥伴，就不能老是沒沒無聞，否則厲害的人怎麼會想跟你一起搭檔呢？我不得不說，社會終究有其現實面，即使你沒打算找厲害的夥伴，但別人若

不知道你的專長價值在哪裡，你也很難期待得到平等的合作。最後在合夥時，反而有可能吃虧或被佔便宜；但只要你具備相當的價值，就不難獲取尊重與平等。

三、先找到目標接近的人，　而不要以點子為合作起點

另一個重要的建議，是儘早建立自己的「最小戰鬥單位」。許多人雖然有創業的夢想，可是通常優先順序都搞錯了。一般人的直覺想法是：「我得想辦法找出一個沒人做過的點子，或只有我有優勢與門檻的能力，才能考慮創業。等我想創業時，再開始物色團隊。」

實際上，各類生意都有人做，也都有人賺錢。但想出獨一無二點子的人，終究還是少數。能在創業初期就靠技術或獨特性拉出極高門檻的，也是很少數的案例。

我反而覺得，關鍵在於能否儘早找到彼此互補的「最小戰鬥單位」：有強大的工匠處理產品、行腳商人思考市場性與品牌經營、總管在背後協調與建立管理制度。只要三者齊備，彼此對商業模式都認同，爆發力就會出來。何況點子有失敗的風險，若僅僅倚靠點子構築團隊的話，這個團隊將極度不平衡（例如一群技術人員主導的工匠團隊）。一旦點子失敗，團隊將無以為繼；但若是以「對的人」為原

則成立，即使一個點子失敗，團隊也還能思考其他事情。好的商業模式，往往要靠多方嘗試與探索才能找到，點子反而是其次。這個過程中，團隊是否夠全面，才是勝敗的關鍵。

知名管理大師 Jim Collins 在著作《從 A 到 A$^+$》裡就提到這個概念：「先找對人，再決定要做什麼！」卓越企業的領導人不會默默決定方向、指揮員工把車開過去；而是先找到對的人上車（也要讓不適合的人下車），再決定車子要開去哪。創業團隊的概念也是如此，先把合適、能互補的人找出來，點子自然會源源不絕。

所以，下次聚會、認識陌生人時，請記得把握這三個原則，多讓別人瞭解我們的價值，多喊出我們的夢想，多思考建立團隊而非實現點子。只要把時間拉長，必然有所回報！

4.

選擇你想滿足的目的

　　日本有很多美食節目，喜歡做特色料理店的專題報導，對有怪癖與堅持的店主尤其青睞。有次介紹了一位非常有個性的拉麵店老闆，他的怪癖是會因為湯頭沒煮好而選擇不開店。畫面上，在寒風刺骨、下雪的傍晚，拉麵店的門口排滿了人。一位像上班族的年輕男人說：「東西滿好吃的，我跟我老闆來這出差時吃過一次。今天也是跟女朋友從隔壁城市過來，可是不知道會不會開門？」女朋友則在旁接話：「是啊，今天好冷，要是不開店的話，可就傷腦筋了！」

　　主持人訪問時，每個人都說不知道會不會開店。結果大家排了老半天，只見剃著光頭、一臉兇相的老闆出來大

吼：「回去吧！今天湯頭不行，請改天再來。」外面的人只好滿臉失望，三三兩兩地離開。從畫面看來，這樣的情形似乎經常發生，一連幾天不開店是常見的事情。主持人總結說：「真是了不起的店主！對於作品的堅持與固執讓人動容！」

固執地讓人動容嗎？或許吧。但這堅持是否有意義呢？我卻沒有百分之百的把握。

先談談對高湯的堅持吧。我不確定棄置不用，是因為完全不能喝，還是只因為某些小瑕疵？如果是因為完全不能喝才不開店，那這其實不是對品質的堅持，而是缺乏品質控制的能力——湯頭有時大好、有時大壞，代表每次的水準無法一致，只好賭運氣製作。當然，這種可能性應該很低，因為既然是大排長龍的店，店主的實力應該不錯，所以很可能是期待100分卻只有98分的水準就決定重煮。這種為了完美而堅持、想給客戶最好吃的信念，應該是很有責任感的表現吧？

但這好像沒有這麼絕對。如果我們從另一個角度來想：客人大老遠跑來，只是眼巴巴地想吃碗熱呼呼的麵，結果店主讓人家在寒冬的大街上吹風，只因為高湯沒100分就不開店，似乎也有點對不起遠道而來的客人。東西沒有完美當然有些可惜，但眼睜睜地看著客人一臉失望、餓

著肚子離開，似乎也未必是良善的選擇。

此外，就「做生意」的角度而言，這樣的堅持也不見得是稱職的經營者。除非老闆是只做興趣、想推廣完美的拉麵，那就另當別論；但如果背後還有投資人、合夥人與員工，他們會需要靠店面的營收來支領薪水養家，甚至店主的家人也可能等他賺錢買米。那這種選擇「看當天情形」過度追求完美的經營模式，其實也可能造成所有人的困擾。

講到這兒，我們來談談一個不同的例子。

據說當年馬偕博士從加拿大來台灣傳教時，曾經歷過非常嚴峻的挑戰：語言隔閡，他學習的北京官話在台灣不適用。再來，當時台灣人對洋人抱有敵意，他的住屋好幾次被群眾拆毀，在路上也有人對他投擲石塊。而基督教不膜拜偶像的教義，也跟華人祭拜祖先的風俗相牴觸。

當時他大可選擇毫不妥協地堅持信仰，執意讓當地人 100% 接受基督教的教義。但他卻選擇體認現實，想辦法跟當地人打成一片。藉由自己的醫療知識，前往鄉下治病順便傳福音，降低大家對洋人的恐懼心理，並盡量讓基督教的概念能夠傳遞出去。最後就算某些人沒改變宗教信仰，但靠著良好的醫病關係，認同祭祖與傳唱福音歌曲等方式，讓台灣人至少不排斥他的存在。後來，馬偕博士在

台灣結婚成家，讓宗教更容易在「一家親」的情感基礎上傳遞。他最後培養了 22 位學生，協助他到各地傳教，在台灣建立了 60 間左右的教會，並設立牛津學堂（現為淡水真理大學），留下「寧願燒盡，不願腐鏽」的座右銘。

我想講的是：「就算沒有做足 100 分，也不表示事情沒有價值。」

拉麵店老闆湯熬不好不開店、東西沒準備好不開店、沒達到 100 分不開店，這種種的堅持雖然令人敬佩，但如果連馬偕博士傳教這種「道德事業」都得暫且屈服於現實，開店做生意恐怕更加不能無限上綱、什麼都想推到極致。我並不是說拉麵店不該重視品質，但過度的吹毛求疵而讓客人在寒風中受凍失望，讓事業的營收不穩定，也顯得思考不全面。

所以，經營者該去驗證的是，客戶真的這麼在意 100 分的湯頭嗎？又真的能吃出 90 分跟 100 分湯頭的差異嗎？最少就我自己而言，在下雪的寒冬排了一小時的隊之後，「吃到」會比「吃飽」重要，「吃飽」又比「好吃」重要，而「好吃」更重於「極度美味」。所以，100 分到底是滿足客戶，還是滿足店主自己的優越感？

看看我們周圍的環境：夜市麵線、夜市賣香雞排的也能開賓士，這些都代表未必要做到極致的 100 分才能被市

場認同。重點還是要辨識出有利的市場、定位出符合市場區隔的產品。這產品並不見得要做到極致，因為叫好不等於叫座，過度追求極致，反而可能因不敷成本而慘賠。

經營者千萬不能為了自己的優越感，將品質要求過度上綱。畢竟市場分成很多不一樣的面向，不同族群的核心需求也大不相同。作為一個好的經營者，其實應該逼迫自己放下身段、耐心地傾聽市場的回饋、找出最合宜的經營平衡點，這才是讓一門生意能穩當長久持續的關鍵。

5.

經營事業長遠的基石：
了解經營的成本

前面那篇討論的是，關於經營事業的核心價值。但我猜更多人想知道的是：關於成功的經營，是否還有其他的關鍵？

說起來，想「做出世上沒有的商品」，是很多人心中以為的唯一關鍵。早期我跟同學朋友都這麼堅信著，以為那就是唯一的致勝點。當時我們曾想過幫人做網頁、開發軟體、進口商品、開行動咖啡廳等，還一度從馬來西亞進羽毛球拍上網去賣，但都沒有什麼突破。身邊也有幾位同學許多年前就想創業，卻因為找不到自認夠關鍵的好東西，所以講了這麼多年都沒行動。

確實，擁有別人沒有的新東西，是創業最簡單的方

法。若能掌握並且壟斷市場，當然有可能迅速大賺一筆。但特殊商品畢竟可遇不可求，退而求其次，則要嘗試掌握特殊的技能、產品，或是對既有產品提供加值服務的能力。比方說你特別會除草，就去幫人除草；能做出好吃的麵包，就開間麵包店；若你無法做麵包，但是身強體健，最少能幫麵包店老闆送麵包。不過靠這些「市場優勢」（如話題產品、技術能力、創意能力、掌握專利、擁有特殊資源等），就代表創業必定能夠大賺嗎？答案是：未必！即使做得比別人好，讓人願意付出金錢換取商品或服務，也只是成功經營的一個起點，並不表示能賺錢，更不表示可以基業長青。

要成功經營一個事業，其實還有個更重要的基石：你對於成本與獲利之間的關係，是否有正確地理解？

成本與獲利的關係？聽起來好像一點都不酷。我知道，但這是所有生意的起點！

舉例來說：我研發出超美味的漢堡，讓所有吃過的人都讚不絕口，一致公認比速食店的好吃 100 倍，建議我去開個漢堡店。假設我聽了大家的好評，真的去開餐廳，並大膽將一個漢堡定價為 150 元。而且開店後，還真的有人來買這比較貴的漢堡，這就能表示我經營成功了嗎？代表我要開始賺大錢了嗎？

其實賺錢與賠錢的定義，不在於售價多少，也不在於是否比對手貴，而是牽涉到我們商品的成本是多少。賣一個 150 元的漢堡，如果成本要 180 元，就算大家都喜歡，賣越多也只會賠越多；反之，如果成本只需要 20 元，甚至還得到政府的獎勵補助，就算客戶群只是小眾，至少也能夠繼續生存。不過，廣義的成本，其實是要同時考量「變動成本」、「固定成本」與「機會成本」三件事。

一、變動成本是什麼？

變動成本，是用來計算做一個漢堡到底要花多少錢，知道我們的定價到底是賠還是賺。

假設做漢堡的材料：麵包 15 元、起士 3 元、肉片 12 元、生菜與酸黃瓜 8 元、調味料 2 元的話，那這個漢堡的變動成本就要 40 元。而調整變動成本，往往最能直接影響獲利。如麵包用三層還是兩層，可是會影響花費的。但我們也未必能隨意更換，因為麵包多，可能口感較好而且較能吃飽；但相對成本會增加，獲利跟著變少。事實上很多麵包店不敢漲價時，會把麵包做小一點，也就是這樣的概念。可是消費者不是笨蛋，像這樣節省成本，通常也是會被發覺的。

目前看來，一個漢堡的定價如果是 150 元，而成本是

40 元，每賣一個就可以賺 110 元，好像賺得還不少呢！似乎是個好生意？

但在下這結論之前，我們可還要加入其他考慮因素。

二、固定成本是什麼？

為了開業，通常我們都得花錢租店面、購買烤箱、冰箱、鍋子等生財器具，並支付水電費等等。這些跟漢堡銷量沒有直接相關的成本，我們稱之為「固定成本」。

因為每個月都有這些開支要付，所以得用賣漢堡的獲利來支付。因此售價 150 元，不僅要減去變動成本 40 元，還要扣掉一部分固定成本，這才是我的獲利。

假設我開業時，花了 12 萬買烤箱、冰箱及廚房用品，每個月房租要 6 萬，水電費要 5 千元。那我每個月就有 7.5 萬的固定成本，這得靠我賣漢堡的錢去支付。所以漢堡賣得多，平均每個漢堡要分攤的固定成本就少；但要是漢堡賣得少，每賣一個漢堡所賺的錢，就要分攤更多支付固定成本的錢。

舉例而言，如果一個月只賣一個漢堡，那每個漢堡得攤付 7.5 萬的固定成本；但如果生意好，賣了 1000 個，那每個漢堡折算下來，只需要攤付 75 元的固定成本。

換言之，我就可以因此算出每個月到底要賣多少漢

堡，才能讓這項經營「損益兩平」。以這個例子而言，每個月必須賣 681 個漢堡，才能剛好支付每個月帳單。如果每個月都只有週一到週五會開店，那表示每天得賣出 34 個漢堡才行。

再回頭看前篇的拉麵店：熬煮高湯所需要的材料、水電瓦斯等等，就是一碗拉麵的成本。當倒掉再煮時，成本會加倍；讓客戶失望離開，銷量會下降。所以除非高湯成本能壓到非常低、拉麵的銷量又很高時，廢棄高湯所造成的影響才會小。但這位老闆既然有所堅持，代表高湯用料一定不錯，常常重煮的損失想必很驚人，長期下來絕對會影響經營。而且上面的分析，還沒有估算到人工、存貨、食材壞掉、天災人禍（如颱風不能開店）等事件造成的成本增加，甚至還沒計算「機會成本」。

三、機會成本是什麼？

以漢堡店來說，假設我覺得每天有把握賣出 40 個漢堡，這表示一個月大約能賣 800 個漢堡。800 個漢堡，每個售價 150 元的情況下，等於每月有 12 萬的營收。扣掉變動成本 3.2 萬元（以 800 個漢堡，每個變動成本 40 元計算），再扣掉固定成本 7 萬 5 千元，等於能獲利 1.3 萬元；但如果不開漢堡店的話，我也可以去親戚的商店打工，而

且工作搞不好更輕鬆，還有免費餐點等等，投入同樣的工時搞不好薪水更高。但若你選擇賣漢堡，就代表放棄了便利商店的工作，這當中損失的便是「機會成本」。

計算後，你可能會發現，即使人人都說你的漢堡比速食店好吃，可是成本如果無法壓低、銷量不能衝高的話，這個生意自然不能為你帶來盈餘。當然，如果開店不是為了賺錢，僅僅為了花錢買個夢想，那自然不在話下。

雖然計算成本看似是件無聊的事情，可是這點才能告訴我們，這個生意是否會是個好生意，又是否能長期經營的重要觀察點。因為不管夢想多大、對品質有多堅持，唯有讓生意創造出健康的利潤，才能供給這個事業生存的養分，讓夢想扎根，把想創造的價值持續傳遞給喜歡你的客戶們。

6.

你的夥伴是真心相隨，還是出於無奈？

先跟各位分享一段往事。

有次參加論壇時，認識某位有合作機會的老闆，中午還一起吃了飯。他在閒聊時，提到手下有位高階主管最近買了房子、生了兒子，所以覺得「可以給這人更多的責任與權限」。我一時沒聽懂，便追問他兩者有什麼連結，結果他回：「這位主管買了房子又生了孩子，接下來 10 到 15 年應該都會很穩定。因為經濟負擔重，在工作上就不會心猿意馬了。」

這話讓我心裡忍不住一驚，因為，我的看法正好完全相反！

如果他說的是技術職，例如基層工程師、作業員、聽

命辦事的助理或職員等，那我完全同意這觀點。因為生活壓力大時，他們會開始害怕，因此會牢牢抓住目前的工作；又因為負責第一線的執行，所以「熟練度」是工作最重要的價值。一群熟練度高的人若能穩定待著的話，對公司確實是好事；但如果他說的是公司核心幕僚，或是幫忙決策與治理公司的人，我就不欣賞這種「穩定度」了，甚至會更希望他是個「不穩定」的人。

大家想想看：既然我需要一個人幫忙出主意，這人就得適時點出我的錯誤才行。比方說，他要能提醒我案子進展不順利、哪裡可能有什麼弊端、某些可預見的風險、某些計畫可能有的漏洞，甚至他帶的案子（或進行的工作）有問題、不順利時，也能清楚、誠實、透明地告知我。管理教科書雖然教我們，組織的健康是建立在成員的互信與坦承上，但這多少有點理想主義。真要一個人清楚、誠實分享資訊的話，前提是他得抱著「無所謂」的原則才行。

所以如果有個人自由度很高、無牽無掛、不用擔心沒工作、有能力隨時去別的地方，結果他卻願意留下一起打拼的話，這才算是有意義的象徵。因為證明此人恐怕是覺得彼此對於「成功的定義」以及「想去的方向」很接近。忠誠度可遇不可求，而且現在又不是封建時代，很難期待這種東西。但大家都「想去同樣的方向」，對我而言可是

很重要的。因為這代表兩個人（或一群人）的目標相同、價值觀類似、執行方向接近，大家就會一起努力，且這時候誰都不會希望對方走上冤枉路。

像我公司裡的其他幾位核心夥伴，他們即使沒有我們任何人都能活得好好的，也可以在別的大公司裡找到不錯的職位。只因為我們對推廣專案管理有相同的理念，大家才會想一起做同樣的事情。所以當其中一個人走錯路、做出不合理的提案時，大家都會毫不留情地立刻指出錯誤。因為大家不用害怕彼此、不必顧慮薪水，自然能不拐彎抹角、誠實說出他們看到的缺失。但如果一個人是因為被房貸或養小孩的壓力逼著，或是需要固定薪水才留在一個地方的話，那他其實是個危險的人，而且通常也不適任高階主管職！

這是為什麼呢？因為他「必須」靠這份薪水過活，所以不希望激怒更高層的老闆。當老闆做錯事情，只要不至於讓組織倒閉，他就有可能選擇不說；若老闆選擇錯誤的案子，他也可能會悶著頭執行；看到組織裡的其他人有錯誤，為了保飯碗，更可能選擇不出聲……總之就是自掃門前雪，只要自己手上的任務沒出事就好，有問題則盡量推給別的主管或部門。更嚴重的狀況，甚至可能會隱藏自己的過錯、粉飾太平，讓老闆乍看之下覺得一切都沒問題。

其實這一切都是人性的正常反應，因為他想讓自己的收入保持穩定。但這也說明一件事：所有的夢想、理念、正直、目標，都可能因為「經濟壓力所謀求的穩定感」而消滅。就社會心理學而言，這是正常的；但從經營者的角度來看，這樣的角色其實失去了核心價值。換句話說，這位老闆口中的「忠誠度」就毫無意義了，因為根本不是當事人在自由選擇下的忠誠度，只是一種不得不為的投降罷了。一個會對自己人生投降的人，你如何能期待他對組織或團隊做出貢獻呢？

當一個人存在著生活壓力，因此尋求「穩定感」時，可以預見，他後續的所有決策必然跟夢想無關，只會讓「個人穩定」凌駕於一切之上。若你是老闆，仰賴這樣的角色幫你監督或下關鍵決策時，你如何有把握他會站在自己那一邊？教科書上所謂的「代理風險」，不過就是這麼簡單的一回事：當代理者的利益在於謀求自身穩定時，顧客、老闆與股東的利益，自然會退守第二線。

當天聽完那位老闆的說明後，我其實也沒完整說出上面這段觀點，我只是單純點點頭，表示為對方高興能找到一個穩定的主管。你看，我明明跟他沒什麼利害關係，在這事情上我也一樣無法坦然地說出自己真正的看法。如果我這個沒利害關係的陌生人，都不願意亂蹚渾水提供建

言，那麼有利害關係且亟需薪水的人，你又能期待他有多誠實呢？

所以，最好的職場關係，其實是建立在「相同的目標」上，而且這目標必須符合雙方彼此的共同需求。如果只是因為一方為了生活，勉強去做自己不喜歡的事情，那這絕對不是忠誠度，不過只是因為對方毫無選擇罷了。

Part
5.

人生伴侶
的選擇

選擇成為一個
體貼的人

　　最近似乎出現了好幾起高材生變成危險情人的新聞。很多人不解這些頭腦很好的孩子，怎麼會做出這樣激烈的事情？明明是天之驕子，退一步不就海闊天空了嗎？未來有大好的前程，不是嗎？怎麼會為一段感情衝動處事呢？

　　但我得說，這其實並不奇怪！我自己這幾年也發現，一些寫信給我談職涯疑問或遭受感情挫折的人，當中有許多其實是非常聰明的傢伙。但這些很聰明的人，反而有一定比例容易在社會上適應不良。

　　關鍵在於「制約」兩個字。

　　就頭腦而言，他們確實很聰明。但可惜的地方在於，就是因為太聰明了，到一定年紀後，反而容易因為這特質

而「被制約」——在心態上養成一些負面的價值觀。雖然其中絕大部分的人最後能靠自己調適過來，但總有一小部分的人怎麼樣也過不去，以致持續在社會適應或兩性關係上，覺得無法融入。

制約的起點，其實是來自於台灣長久以來的教育制度。聰明的孩子因為會讀書、功課好，通常能獲得較多的獎賞與特權。現在的學校是否如此極端我不知道，但最少在我自己成長的時期，一個孩子只要功課好、考試高分，通常各類問題自然都會消失。無論上課講話、沒帶課本、還是忘了交作業、甚至欺負同學，往往都能被大人忽略！只要考試考得好，老師在用語與態度上，就相對會給予較多的尊重。

也因此，善於讀書的孩子，成長過程往往沒有碰過太多挫折。因為只要照著老師提供的方法，好好念、正確背誦、記得公式，且在每次考試作答時，都能照著公式或格式反應，最後就會有好結果。讚賞、榮耀、自信心都隨之而來。久而久之，**他們會覺得自己不用太顧慮別人，只要把自己的事情做好了，自然會得到好的報償。**

換句話說，聰明的孩子往往被學校這樣的遊戲規則所制約。十五、六年下來，很容易以為這就是世界運作的關鍵之鑰——只要不斷依循這樣的公式，把自己管好、儘快

找到正確答案並記住，獲取高分，就沒有人或沒有任何事情能為難自己。

這樣的人生策略直到大學為止，原則上都不會出什麼錯。可是，從大學開始通常會迸出第一個挑戰，也就是「談戀愛」，偏偏這是個完全無法適用這規則的遊戲。

談過戀愛的人都知道，感情一開始必然是在心中充滿了幸福的情緒，恨不得獻給對方全世界。這時候彼此相知相惜，做任何事情、說任何話，都是「正確答案」，所以大家能獲得虛幻的「控制感」。但等蜜月期過了以後，雙方總難以避免產生摩擦。這時候能不能長期走下去，兩人性格的「適應性」就是關鍵了！

當歧見發生，大家就得解決問題。但很多聰明的孩子會在這個階段過不去，因為過去自己不管犯什麼錯，只要把自己該做的事做好就可以化解，甚至什麼都不用做，光是當好學生就足以抵銷過錯。即使有什麼比較大的問題，只要好好認錯，或是強化某些大人喜歡的行為，周圍的人們很快就會轉為和顏悅色，問題自然會被大人包容。所以在感情上，他們無法理解為何同樣是我這樣的人，對方卻無法像那些大人一樣包容自己？

尤其兩人的歧見如果是源自於性格或價值觀上的不同，除非能徹底解決這些差異，否則對方跟自己的歧見會

持續存在。這時候當事人就可能會覺得奇怪，為何對方不能理解、相信自己，為什麼不能妥協、不能乖乖聽話、不能配合、不能安靜？

持續爭執之下，會帶來無助感。而無助的第一階段是盡量「討好」對方、透過示好與讓步把對方留住。但若對方不願意的話，當事人的態度就可能踏入第二階段「疑惑」——疑惑對方為何這麼難搞，自己都低頭了怎麼還不願意原諒？最後在一切方法用盡仍無法安撫或化解衝突之下，很可能踏入第三階段，也就是「惱怒」。

當自己把過去所有的方法都拿出來了，還是找不到正確答案，又面臨對方不斷拒絕、不願意給自己正面回應時，就是「整個世界觀的崩解」。人的自尊很有意思，突然的世界觀崩解是很難一下就調適的，通常都只會想把問題外部化——都是別人不好，這一定不是自己的問題，一定是對方很奇怪！自己做了這麼多，對方居然都不願意配合，那一定得給他／她些教訓，這時候就可能轉變成恐怖情人了！

惱怒到會殺人或是傷人的，雖然是一小撮人，但多數人很可能是跟對方惡言相向，並成為後來一輩子的痛苦記憶。畢竟一路沒有碰過挫折的人，自尊心是很高的。就人性而言，否認問題、逃避責任、去除障礙，是保護自尊心

的最好方式。可是這次保護了自尊心，之後不表示就不會再發生，可能會開始有越來越多這類問題⋯⋯

事實上，離開學校後，我們得開始習慣過「沒有正確答案的人生」。每個人的需要都不同，我們得充分傾聽與理解，才會知道什麼是對方「真正要的」。我們不可能完全改變另一個人，也不可能要別人完全聽我們的話，更不可能永遠讓別人符合我們的期待（或我們完全符合別人的期待）。這類情緒的修鍊，得靠自己的成熟、圓融、理解與體貼來化解。如何學習體貼、如何真心理解別人的需要、如何理解大人的戀愛遊戲規則，這些能力才能讓我們跟他人和平共存。

所以，**如果我們能在越年輕時，就努力修鍊自己與挫折共處的能力，這樣就能學會對他人的「理解」與「包容力」，並產生「適應性」。**

就算是聰明才智不如你的異性，你若喜歡他們，就得瞭解他們的需求，才能跟他們順利相處。一些聰明才智不如你的人，卻也可能是工作上必須的夥伴，所以你也得找出一個方式跟他們融洽地合作。可是這類「相處」是沒有公式的，也不可能因為你很聰明或是功課很好，別人就自然來認同你。想讓別人喜歡自己，可不是我行我素地做好自己就夠，而且還得摸索嘗試、理解體貼、換位思考，以

找出合宜的模式。

　　可是如果不從小就習慣這種挫折感，長大後碰到人際衝突時，就容易不斷逃離環境。不斷夢想能找到一個完全認同自己的人，或是夢想能找到一個環境，是可讓學生時代制約自己的規則重新發揮效用的地方。可是我得說，這是很難會再發生的。若不能充分理解這點，在後半段的人生中，挫折感反而會開始全面籠罩。最後將逃無可逃，而且在社會上徹底適應不良。

2.

愛情總是不順遂？
因為你總用著
錯誤的篩選機制

很多人對戀愛的經驗太少，對於相處的準備不充分，好不容易等到真命天子／女，卻沒辦法好好地跟對方相處。不然，就是每次跟人相處時都沒有把心力放在當下，要就是過度緬懷舊情人，不然就是過度犧牲現在想成就未來。這讓跟你相處的人感覺疲累。或者是，很多人展現了錯誤的外顯價值。而因為外顯價值錯誤，以至於不對的人不斷靠近，但自己喜歡的類型卻誤以為我們不是那種類型，而躲了開來。

這篇我則想談的另一個觀察到的問題，尤其是很多女生常犯的錯誤：用著「錯誤的篩選機制在挑選對象」。

雖然在我的觀念中，戀愛最難的部分在於「相處」。但相處之前的篩選卻一樣重要。因為你的篩選機制若有問題，表示源頭來的人就不對。這時候，就算你個性好、內涵佳、善體人意，但若人不對的狀況下，最終也很難有什麼好結果的。

　　而偏偏每個人都有自己的選擇方法。有些篩選方法確實有道理，能幫我們挑出有利的相處對象，但也有些選擇方式看起來很直覺，卻偏偏是一種逆篩選——容易把好對象篩掉，留下不佳的選擇。換言之，如果這些篩選機制你沒有真正思考過，直覺地把別人講的、或是電視演的，拿來直接當成你的篩選機制，那很可能就會不斷犯錯了喔！

　　為了便於理解，我這邊就舉幾個常見的錯誤篩選機制的例子吧。

錯誤 1：對我好的人，一定是願意花大錢的

　　一個常見的謬誤，是有人覺得「男人大器」就要看他怎麼花錢。所以第一次約會時，有些女生會故意挑很高檔的餐廳、點最貴的餐。

　　但以我的理解是：這其實不是一個好的篩選機制。因為正常、值得發展長期關係的男人，其實不太會在剛交往時就露出「極端大方」的樣貌。甚至很多男人，若感覺到

女生刻意選些很貴的店、點很貴的餐，一兩次之後他未必就會繼續邀約。

原因為何？這點其實女生也是類似的。像女生都不希望對方只是因為自己美麗而接近，所以若發現男人只是喜歡自己的外表，就會覺得男人膚淺。而真正有錢的男人，也不希望女人是僅因為他在錢上面的慷慨而選擇了他。所以真正有錢的，反而在用錢上會顯得很低調，尤其不希望你拿這個來評斷他。

但怎麼樣的男人會一擲千金呢？反而未必是大器又愛你的類型，而更可能是會有以下三種毛病（任一，或是同時兼有）。

1. 他的錢來得過度容易

錢來得容易，自然花得也容易。但來得容易，有可能是父母給的、有可能是運氣好的單次收入（如賭博）、或者是碰巧遇到機會（在行情好的時候進入金融市場的菜鳥），甚至不是正途賺來的。這種賺得快的人，會相對出手很闊綽。但因為這些都不是他的累積，所以應該不是長期穩定可依靠的對象……

2. 他自卑感很重，急需用錢來武裝自己

自卑感重的人，因為對自己沒信心，擔心別人看不起他或是不喜歡他，所以會盡一切力量讓別人注意到他。可

是如果是一個對自己沒自信的，那很顯然在本質上也不是大氣之人。所以又是一個反指標。而且對自己沒自信的男人，之後在相處上通常會有很多地雷，也很容易對你疑神疑鬼。結果，你看，這方式反而又篩選出不好的標的。

3. 他其實只想要短期關係

很多女人不知道這件事，但我想分享一下。

如果一個男人平常平均負擔起的一餐約在 500 元上下，結果頭幾次約會他都請你去吃平均 2000 元一餐的餐廳，有非常高的機率他只是想跟你建立短期關係。

這概念是這樣的：男人如果有打算跟你發展長期關係，而且這人又對人生有長遠的規劃能力，他在交往初期就會考量將來的事情。換言之，男人都知道，若約會金額超過自己正常能負擔的狀況，這樣的關係必然是很難持續。所以想跟你發展長期關係的男人，他會量力而為，帶你去他負擔的起，或是比負擔的起略好一點的地方。

可是如果一個男人並不考慮金錢（且他又不是真的很有錢），那背後的動機很可能是打算「只要短時間地取悅你就好」。這時候，他的目的通常都是希望濃縮投資，用幾次的金錢讓你覺得備感榮耀，然後可以擄獲你。

而「擄獲」之後要幹嘛？呃……當然就不幹嘛了……

所以突然收到高檔餐廳的邀請，不要覺得高興。尤其

若你交手的男人有點年紀、有點手腕，大概都知道怎麼取悅女人。他們快速投資，也就希望快速收割。也是這種模式背後的意圖。所以你看，錢其實並不是一個非常可靠的篩選指標。（攤手）

錯誤 2： 對我好的人，一定是會花很多時間陪我的人

這也是一個很直覺，但有點危險的篩選器。什麼樣的男人有辦法花很多時間陪你？其實反而是沒別的事情可以做的人。換言之，假設你是 25 歲之後的女孩子，大部分的男人這時候可能忙著在工作上要突出，所以有很多時間得花在工作上。

他們可能也不是不重視你，但是沒辦法把所有的時間都拿來陪你、跟你講電話、你要什麼就去排隊買來。但另一些男人可能因為遊手好閒無所事事，所以可以花比較多的時間在你身上。

初期有些女生會覺得後者很棒。因為自己要的他都能關注到，也能把自己照顧得很好。可是交往下去，很快地女生就會開始覺得沒有安全感。因為對方工作不穩定（甚至夢想過大、眼高手低），這些要素可能讓女人擔心起後續結婚的問題。

但這一切的起點，其實是因為你過度把「陪自己」看得過大，而篩選出不利長期發展的標的……

錯誤 3： 對我好的人， 一定是會把心意強烈表達出來的人

有些女生會希望男生在初期接近她時，感情能非常外放——她們覺得內斂的男人沒意思，願意對我展現「妳很重要」的男人才好。這才有戀愛的感覺。

記得之前有個女生跟我聊到。她說之前的男朋友追她時，非常浪漫，而且心意好強烈。兩人交往初期她不爽時，他會很懊悔的在她家樓下淋雨來道歉，還會打自己來表示悔恨和歉意（我聽得目瞪口呆，想說這根本是偶像劇的情節嘛）。這些行為讓她感到很心疼，也覺得這男人比其他男人都更愛她。

我問說，那後來怎麼分手了？原因很簡單，就是兩人交往後，男方情緒上的強烈起伏就轉成了另一種面向。兩人吵架時，他的情緒也是非常激烈，罵人、責備外，還會摔東西，甚至也曾經有推她或是打她的狀況出現。原來強烈的情緒表現，這時候又變成負面特質了……

看到這兒，有人可能誤以為我是建議女生要找個又窮、又忙、又沒情緒起伏的木頭？

沒有，這不是我的意思，你也不需要這麼極端。**我只是想告訴大家：「這世界上沒有萬能的篩選器」。每個篩選機制有其好處，但也通常都有缺點與代價。**

重點在於，如果你重複碰過幾次類似的問題：例如交往的男人都只是追求短期關係；總遇到自卑感強的男人；交往後常覺得男人不上進、不腳踏實地；或交往後覺得男人控制慾強。這些很可能是源自於你的篩選機制。

換言之，下次挑選時，你可能得更平衡些，多加入一些「其它」的考量因子，狀況才會改變。尤其如果你總「重複」碰過一樣的問題，必然代表你的篩選機制或是關係經營策略有問題。這時候，唯有搞清楚問題在哪裡，調整下一次跟異性的互動，才能得到真正的好結果！

3.

選擇伴侶的關鍵要素

　　之前聽到兩個案例。一個是網友寫信來，提到跟男朋友價值觀不同的問題。因為男朋友跟其他女生出去，讓她覺得沒安全感，所以試著跟男朋友溝通。可是男朋友的反應讓她很生氣，因為對方覺得自己跟另一個女生坦蕩蕩，無法理解她在氣什麼，甚至還不斷證明自己沒錯。雙方花了很多時間試著說服對方，可是顯然都沒有成功。

　　另一個案例是朋友的朋友。據說她跟男方即將結婚，可是兩人對於婚禮過程的規劃產生了嚴重的歧見。女生希望對方多花些心思，但男生喜歡的方式不同，努力規劃後的結果仍無法讓她滿意，所以女生每次都接手再做大幅度的修正。因此女生覺得男生不懂她、不會想；但男生那邊

也覺得委屈，想說女方為何不直接講自己要什麼？「如果我喜歡的妳都不喜歡，何必要我做呢？」所以這段過程中兩人吵了又吵，不斷在「積極溝通」，可是越溝通，雙方卻反而越生氣。

一般人總認為「磨合」是感情中的必要之惡，不過我覺得好的伴侶關係，根本就不應該有需要嚴重磨合的部分，這在感情策略上是個非常不合理的舉動。我個人甚至覺得如果感情上常發生需要「彼此磨合」的狀況，那這段感情是有問題的，應該當機立斷，將關係進行停損。

這概念可能有點驚世駭俗，有人肯定會以「不可能找到百分之百契合的另一半」來反駁我。話是沒錯，誰也不可能找到另一個完全跟自己相同的人，總有些大家要相互調適的地方。但就我的觀點而言，「調適」跟「磨合」，兩者是不太一樣的！

「調適」這件事應該是無所謂、輕鬆、毫不勉強的。為對方做出調適後，甚至根本不會再記得這件事。比方說吃東西的口味差異，當對方不喜歡吃辣，而自己喜歡、但沒有到非吃不可的程度，那兩人一起吃飯時，點些不辣的食物即可，這就是一種調適。畢竟這種程度的配合在心情上很輕鬆，雙方不需要不斷溝通，也不會生氣或吵架，幾乎不花時間就能立刻達成共識。

但是所謂「磨合」，就是那些會導致情侶吵架、需要不斷溝通的議題：例如用錢的方式、處理事情的方法、跟哪些人做朋友、兩人相處的距離拿捏、該多麼聽家人的話、該重視朋友到何種程度、與其他異性該怎麼相處、如何看待隱私權與秘密、未來要做什麼事情、對工作和家庭的看法、教養子女等等。這些絕對不可能因為生氣、溝通、協調，就讓另一個人輕易做出改變。

　　此外，我覺得磨合在某種程度上，其實是一種「情感的霸凌」：透過恐懼感或威脅，強逼對方變成自己心目中的「另一個人」（例如：你不這麼做就是不愛我）。這表示我們喜歡的並非「這個人」，而是「另一個人」。只是我們剛好碰到這個對象，剛好頭又洗了一半，為了自己的方便，所以打算把他完全扭轉成另一個樣子。

　　我對此的看法是：當我們想改變別人時，通常代表我們自己還不夠成熟、不瞭解別人是獨立的個體，所以勉強想把對方變成自己心裡希望的類型，甚至將自己的價值觀強加在對方身上。但這是不公平、也不必要的做法，代表我們打從心底不曾認同過這個人。當然，不認同別人也不表示自己有什麼不對，只是代表雙方在不能讓步的觀點上有很大的差異，他要的跟你要的東西，缺少了交集點。這屬於價值觀不同，而非對錯的問題。但如果強逼對方變成

跟你一樣，那就很不切實際了，也就是我所謂不夠成熟的意思。

此外，心理學研究，人的性格在七歲時就定型了。對一個 20 或 30 歲的人，如果要他做任何性格或價值觀的改變，基本上都很困難。眼界可以拓展、品味可以調整、小事情或許也有辦法調適；可是價值觀、生活習慣、世界觀的差異等，幾乎都是難以撼動的。人家說牛牽到北京還是牛，一個人的本質若不是你想要的類型，那永遠都不可能變成你要的樣子。就算他為了愛你而試圖改變，那也只是勉強自己在「演」另一個人。但這樣的表演很難長久，總有一天對方還是會回到真實的自己。

所以，與其花時間磨合兩人的感情，不如一開始就把這點當成選擇對象的主要觀察重點。對於認真交往的對象，首先一定要了解彼此的價值觀以及生活習慣。若你在意對方用錢的方式，一開始就要注意對方怎麼看待金錢；若你在意對方是否有相同的信仰，這個問題就得在最初列為篩選重點；若你希望對方只有你，不能有其他異性朋友，那當然得先找個觀點相同的人才行。

很多人在追求階段時，會「假裝自己是另一種人」，等到真正開始交往，才慢慢把真面目揭露出來。這其實是個很危險的策略，雖然對方有可能因為前期的投入，捨不

得放棄見到真面目後的你，可是這通常會讓後續的交往危機四伏。如果雙方得在各種驚嚇中不斷溝通與磨合，最後恐怕很難有好的結果。在我看來，這是感情中最糟糕的出牌方式。交往應該要帶來彼此長期的幸福感才是，如果總是不斷地溝通與說服、吵架與哭鬧，那何必談戀愛呢？還不如趕快停損，重新找個價值觀相同的人。

相信我，每個人的性格，一定有些原則是「絕對不能讓步的」。這沒有對與錯的問題，而是雙方價值觀的差異。此時勉強別人接受是不公平的，而勉強自己釋懷也很辛苦。所以最好一開始就找看法相同的人：先廣為認識各類朋友，再從價值觀與生活習慣中找到彼此相近的對象，然後才開始深入交往。雙方可以彼此「調適」，但不需要「磨合」，這是選擇對象時的一項重要參考指標。

4.

如何讓未來伴侶的父母
喜歡自己

　　網路上曾經熱烈討論「女生去男友家吃飯該不該幫忙洗碗」這個話題，只是吵吵鬧鬧半天也沒有結論。因為價值判斷的議題根本就沒有標準答案，別人所處的環境、狀況往往也跟自己不同，純粹只說「該不該」未免失焦了。這也是為何這類話題最後都只是以吵鬧收場，因為一群背景不同的人，硬要把各自的狀況套用在別人身上，肯定會不歡而散。

　　所以這裡我們不談「該不該」，但我倒想談談「一個女生在面對這樣的問題時，該從什麼角度來思考」，以及更重要的「男生該如何做才能幫女生加分」。思考架構穩固以後，個人才方便視情況做出合理的選擇。

那麼在這個情境中，女生與男生各自到底該如何觀察？又該如何行動呢？

　　我先從女生的角度分析。該不該洗碗，其實有兩個觀察重點：

1. 男方父母怎麼看待下一輩的婚姻
2. 女性在這個家庭的地位如何

　　我覺得在這件事上，女生與其思考哪個是「對的」，不如先想想自己可以接受的底線是什麼。因為每個人的籌碼不同，能做的選擇也不同。有人年輕、漂亮、家裡有錢，大可拒絕條件不夠好的婆家；相反的，也有人在娘家就是悲慘的灰姑娘，除了上班賺錢外還得一手包辦各種家事。若嫁入另一個家庭只需要洗碗，搞不好工作量反而還減輕了，對這女生來說，婚姻變成是救贖而不是折磨。所以底線在哪裡，取決於當事人想要什麼。

　　但是──有件事情很重要！女生應該在跟對方家長見面的初期，儘快辨識對方怎麼定位女性在家族中的地位，以及男方父母如何看待來訪的兒子女友。如果長輩跟妳的觀點落差很大，婚前或許尚無大礙；但婚後這類價值觀衝突多半會鋪天蓋地而來。有些女生在結婚之後「突然」發

現，怎麼自己要負擔這麼多責任？老公與公公婆婆竟然是這樣的人？但其實很多男方家的「期待」早就有跡可循，只是女生沒認真觀察，結果當然會感到不如預期。

那到底要觀察什麼？又要做什麼呢？請女生記住這點：妳一開始的行為很重要，這將決定未來雙方互動的習慣，同時也幫助妳蒐集情資。

女生第一次到男友家吃飯時，用餐後請記得「一定」要站起身「試圖」幫忙收拾，並主動要求洗碗。第一次拜訪、與男友父母還不熟時，對方「理論上」會把妳當成客人，通常會婉謝妳的幫忙。女生可以推託兩下之後，再把碗放下回座。雖然最後也是沒洗到碗，但跟「坐著不動當客人」所傳遞的訊息大不相同。吃完飯後默不做聲、拍拍屁股起身移座的話，長輩可能會心存疙瘩，心想「這女生真是嬌貴」，下次就可能打算好好「磨練」妳一下。就算男友的母親是個善良的好婆婆，也難免擔心兒子未來得伺候妳這嬌貴的老婆，對妳的評分可能就打了折扣。妳說這樣不太公平？對。但人總是自私的，再好的婆婆多半還是會站在她兒子那邊。

所以為了避免留下不好的印象、激起長輩對兒子的保護心，一定要「主動」要求幫忙。雖然初期對方當妳是客人，不讓妳洗碗，但這樣剛好可以樹立「客人不用洗碗」

的前例，而妳也因此建立了乖巧貼心的形象，未來的相處就進可攻退可守。如果女生跟對方母親相處愉快，本身又喜歡廚藝，其實可以堅持進廚房幫忙。透過私下接觸，反而能跟「準婆婆」維持好關係。婆婆若喜歡妳，很可能在廚房偷罵兒子。當妳溫順地傾聽，她可能還會覺得「幸好我兒子遇到妳，這麼差的兒子也只有妳能包容」的想法；但如果男方家人不易親近，那妳就每次都要求洗碗並任由男方父母拒絕，那至少雙方也保持了合理的相處距離。

「主動幫忙」這舉動還有一個重要的價值：如果男方父母覺得兒子的女友本該負責洗碗，女生在幾次「自願幫忙」後，就會察覺長輩認為讓妳洗碗也無所謂。要不要真去洗還是其次，重點在於若有這種跡象出現，表示這個家庭可能非常傳統，長輩覺得女生洗碗是天經地義的事。女生這時候一定要特別留心，因為處在女友身分就被認為該做家事的話，那婚後的責任多半只會更重。當然，如果妳很喜歡男生的父母，決心要嫁過去，繼續維持倒是無妨。但如果妳不認同「女生該負責所有家事」，這時最好跟男生多溝通，看將來婚後是兩人搬出去還是該怎麼辦，順便也能瞭解一下男生對「媳婦的責任」有何看法。

其實洗碗這個議題，剛好還是個功能完整的「好老公分析儀」與「爛媽寶篩選器」。男友若想跟妳修成正果，

照理説會好好「保護」跟「寵愛」妳。但請記住：保護不僅是在過馬路時拉妳的手，寵愛也不只是帶妳吃大餐或買高級手機，而是「保護妳的形象」與「捍衛妳的立場」。我建議女生，在首次拜訪男友家之前，跟他聊聊洗碗這件事，沙盤推演一下，甚至請他跟妳一起進廚房洗碗。如果他的回應是以下這幾種，代表你們有必要好好溝通了：

1. 洗碗是小事，沒什麼了不起的，我爸媽才不在意呢，妳小題大做了！

2. 跟妳一起洗碗？我媽從不讓我做家事，妳一來我就進廚房的話會很怪！

3. 我怕跟妳一起洗碗我媽會不高興，她會覺得這不是男生該做的事。

4. 這個議題很無聊，根本不想討論。

透過這種觀察，女生多少可以預估自己婚後的責任義務。至於是否接受，就看個人選擇了。很多女性成長書籍都鼓吹女生要多愛自己，但愛自己，絕對不是放縱購買各類東西、沉溺於各類享受，而是善用理性思考，想辦法避開困境、做出正確的選擇。長期而言，這才是女生愛自己的最佳做法！

5.

如何讓自己的父母
喜歡未來的伴侶

　　關於「女生到男友家作客該不該幫忙洗碗」這件事，前一篇我們談了女生該思考的重點以及觀察應對的建議。至於這篇則是要特別提醒男生：別以為女友洗碗跟你無關，跑去客廳按遙控器看電視。該不該洗碗這個問題，其實更需要男生認真看待！

　　不管男生是第一次帶女友回爸媽家，還是女友已經變成熟客，我覺得對兩人最好的做法就是：吃飽飯後，兩個人一起進廚房洗碗！

　　我知道，男生看完這段，心裡可能會有幾個疑問。以下就讓我來一一回答：

一、爸媽為了禮數，堅持不讓客人洗怎麼辦？

沒關係，這時你可以說：「是我負責洗碗，她只是在旁邊陪我。」然後微笑（但堅定地）牽起你的她進廚房。女友這時一定覺得你是天下最值得依靠的男人！

二、如果跟女友剛開始交往，彼此沒有很確定，一起去洗碗不會很怪嗎？

沒有很確定？那你帶她回家給父母看幹嘛？可千萬別說這是為了省錢。好，就算你們只是剛開始交往，而且真的想省約會的費用，那以晚輩的角色幫長輩洗碗，其實也是應該的。平常就算去同學家作客，幫忙收拾碗筷不也是該做的事嗎？

三、我以前在家從不洗碗，但女友一來就去洗碗會不會很假？

或許你覺得很假，但父母會認為你長大了。他們極有可能覺得：這個女生竟然能改變我那不孝的兒子，看來兒子真的很在意這個女生，竟然不惜在她面前演出孝順的假象。不管怎麼想，父母對這個女生的印象都會加分。你以後要去約會時，他們自然不會阻攔，搞不好將車鑰匙自動

奉上，還多塞幾千塊給你！

四、我們兩個去洗碗，把父母丟在一旁不好吧？

少來了，你上大學後就常常把父母丟在一旁吧？洗碗只需要幾分鐘，他們有能力照顧自己的。而且父母往往會在這個空檔討論對女生的看法，如果你有其他兄弟姊妹在場，聚會後剛好能從他們那兒探個口風。

為什麼男生應該要在這件事上花心思呢？其實一對交往中的情侶，與女生未來公婆間的關係，剛好可以用職場上的從屬關係來類比。在公司裡，我們往往以為個人的形象取決於自己的工作表現，但其實更關鍵的是我們的直屬上司怎麼看我們。要是直屬上司不喜歡我們，沒替我們在高層前塑造良好形象，恐怕工作再努力也是枉然。同樣的道理，女生在未來公婆前的形象，其實有很高的比例要由男生來負責塑造。如果身為「守門人」的男生沒有盡到「形象塑造」這份責任，那麼無論女生再怎麼辛苦討好，恐怕都還是會陷入兩面不是人的窘境。

在這個情境當中，女生就像職員，是被男方父母（高層）評斷的對象，老實說能運作的空間極其有限；而男生則扮演著直屬主管這個關鍵角色。高層多半不了解職員平日的表現，這時候直屬上司若能有技巧地說幾句好話，職

員在高層眼中的形象便會大大加分；但是，直屬上司只要來個「不置可否」或「語帶保留」的反應，就算沒說職員的壞話，高層對職員會有什麼樣的印象也可想而知。網路上曾有女生抱怨男友拍照技術太爛，沒有拍得更美便罷，甚至還拍出比平常還醜的照片，十足令人髮指！同樣的，沒能在父母面前美化女友形象的男生，比不會拍照更該自我檢討，丟了女友的面子也就是丟了自己的裡子。而且未來女生進家門後，還可能為婆媳間的紛爭埋下種子，不可不慎啊！

　　所以身為男生的你，如果要帶女友回家，請務必好好地謀劃一番。這齣戲最後會變成「溫馨愛情喜劇」，還是「家庭倫理大悲劇」，就全看你這位編導的功力了。

　　另一個重要的建議是：一開始就不該陷入難解的情況中！這點不僅男生要注意，女生也不能忽略。如果可以，盡量避免吃飯時間還待在男方家中。男生若住在家裡，兩個人可以約家裡以外的地方；男生若不住家裡，女生要去拜訪他的父母時，也可選擇下午或晚餐後的時間。因為女生偶爾去，長輩或許還覺得新鮮有趣；太常叨擾的話，難保某些長輩不會產生「又來吃飯」的感覺。畢竟每個家庭的狀況不同，有些長輩節儉慣了，多個人來吃飯還得加菜與準備，心裡可能頗有微詞。女生常常過去的話，長輩多

少會覺得這女生也該付出些什麼。

　　所以真想要聯繫感情的話，不如請男方父母去外面吃飯，這樣不但可以不讓長輩付錢，大家又不用搶著洗碗。當然，某些男生可能會因此覺得失了面子，所以男女雙方要事先溝通清楚，順便以此檢視兩人的價值觀有何差異。

　　最該避免的一件事就是，當男生還住在家裡時，女生跑去長時間待著，甚至住在那邊。曾聽過有些女生會在男方家中留宿（男生跟父母一起住），甚至還讓男生的媽媽叫起床吃飯。如果待的時間太長，男方家人可能會慢慢不把女生界定成「客人」，這時女生若不做些勞動貢獻就不太好，但做了自己也覺得不舒服。所以一開始就該避免陷入這種窘境。

　　如果上面這些問題，你們雙方還無法建立共識，或許代表還沒準備好，那就乾脆約去外面，或是打電話叫 Pizza 吃吧！

人際關係
的選擇

1.

人生穩當的交友策略：
親近「螞蟻」
但遠離「蚱蜢」

今天想跟大家聊聊「交友選擇」這件事。

我曾在臉書上寫了一段話，我說 2020 年的前三個月，幾乎就是《螞蟻與蚱蜢》這則故事的翻版。《螞蟻與蚱蜢》是我小時候聽到的寓言故事，這個故事是這樣的：

某年夏天，有幾隻蚱蜢到了一個地方，它們非常享受舒適的天氣，整天不是悠閒拉著小提琴，就是品嘗豐盛的食物。有一天，他們發現住在附近的螞蟻不斷從遠方把食物搬回巢穴。蚱蜢不解地問螞蟻：「你們這是在幹嘛？」螞蟻就回答：「我們想把食物全搬到巢穴裡儲藏起來。」

蚱蜢聽完還是很狐疑，甚至覺得有點可笑，不懂螞蟻

為何不好好享受好天氣，反而整天忙得要死。等到冬天來臨，到處都是積雪，蚱蜢找不到食物了，猛然才發現螞蟻夏天在做的事情，其實就是為了寒冬做好準備。

這個故事當然有好幾個版本，有比較符合小朋友看的，就是螞蟻招呼蚱蜢到他們的巢穴裡生活，大家安然度過冬天，然後蚱蜢對自己的生活模式展開反省。我也看過比較殘酷的版本，就是蚱蜢找不到食物，跑去向螞蟻求救，但螞蟻拒絕幫忙，最後蚱蜢就餓死在冰天雪地之中。

為什麼我會講這個故事呢？其實你如果認真地觀察，你身邊大概也有很類似「螞蟻」和「蚱蜢」的這兩類人。「螞蟻型」的人非常深謀遠慮、考慮周詳，還沒有發生壞事的時候，他們就已經在思考發生風險該如何因應，並且把準備工作都做好。「蚱蜢型」的人則是看著別人準備，卻不理解為什麼要準備，甚至還覺得別人做這些事很笨、很蠢。

當然，這兩類人是比較極端的狀況，介於中間的人可能更多，他們什麼也不想、什麼也不做，但也不會笑別人。

世道太平時，大家的生活看起來差異不大；但是當意外事件發生，你就會發現，人的差異將一下變得很明顯。

你想想看，你過去的人生中，是否發生過你比較謹慎、想替未來做些準備，結果卻被別人嘲笑的狀況？我相

信或多或少都有。或者，像是 Covid19 疫情剛爆發時，很多東方人在國外戴口罩想保護自己，反而被外國人嘲笑，甚至攻擊，其實也就是類似的狀況。

這個狀況麻煩的地方在於，如果嘲笑聲浪不小，大部分人就會自我質疑，也可能因此不敢繼續做「原先認為該做」的事情。比如說想戴口罩卻怕被笑，索性就不戴了。

看得遠的人本來就少，周圍如果又是一些短視近利、還會嘲笑他的人，他可能慢慢也就退縮了。所以你就發現，深謀遠慮而且能堅持己見的人終究是少的。

如果你不是很習慣這種「想法和其他人不同」的狀況，偶爾跟別人不同時，你就很容易自我質疑，想說「是不是我哪裡弄錯了？會不會別人才對的？」換句話說，你如果沒有很堅實的自信心，這時候就很容易因為別人的嘲弄或不以為然，而屈服於同儕的壓力，這就非常可惜了。

也因此，我想談的概念是這樣子的：我一直覺得每個人的人生成就，除了跟能力和認知邊界有關，也跟「周圍都是什麼樣的人」息息相關。

我得說，身邊的同溫層很容易會影響我們的想法。所以，如果你發現你周圍的朋友常常否定你，這時候你該做的不是努力說服他們，讓他們懂你在想什麼；你也不需要自我質疑，放棄你想做的事情。相反地，你該嘗試走出去，

找到跟你相同的族人，認識另外一群想得周全、願意認真努力的人。跟這樣的朋友在一起，哪怕你能力還不夠，至少他們不會嘲笑你，你也就能慢慢到達原本想去的地方，做到你原來想做的事情！

可是，這個概念也會有一個相反的狀況，就是你發現自己比較像蚱蜢，常常想得不夠遠，可是因為周圍都是蚱蜢，所以你就覺得渾渾噩噩度日似乎也沒差。如果你讀到這邊，發現你其實應該要更努力，讓自己變成一隻螞蟻，我會鼓勵你要打破同溫層，去認識一些想法不同的人。

有人可能會說：「可是我周圍的朋友都跟我差不多，我們想的都很類似，那我怎麼辦？」如果是這樣，我在另一篇文章《怎麼走出同溫層？提供一個我愛用的方法，你不妨也試試看》。裡頭有提到，現在使用社群網站很方便，幾乎人人都有帳號、也會分享對事情的看法，你可以在社群網站上追蹤一些跟你想法不太一樣的人，然後觀察他們想法背後的思考邏輯。

多訂閱想法不同的人，並仔細觀察他們的思考方式，你慢慢地會發現自己的眼界變廣了，然後你可能就會開始質疑自己的想法、質疑你所處的環境，假以時日，我相信你終究會變得不一樣。

這樣做也有另一個好處，你訂閱一些人後，透過長時

間的觀察，你可能會發現有些人其實沒那麼聰明，你可以把他「退訂」、「退追」。在這樣的篩選機制下，你就會真的留下一些能提升自我，也確實值得長期追蹤的朋友。

所以我覺得，重點真的就是努力走出同溫層。甚至一段時間之後，你的成長可能超過你的同溫層了，你開始覺得跟原先的同溫層格格不入，這時候你搞不好也該考慮再換一群朋友。有一群跟你想法相近、價值觀相同的朋友，你才能夠不斷進步。

最後，我還有一點要提醒你。我覺得人如果想成長，最該戒除的習慣之一，就是經常想嘲笑別人。我認為光從這點，就能決定一個人會是智者還是愚者。

為什麼呢？

我身邊有很多我覺得很聰明、很有智慧的人。我這麼觀察下來，發現他們看到別人做出跟他們想法不一樣、而且他們不能理解的事時，多半會先假設自己是無知的，並且虛心去觀察和請教，了解別人為什麼這麼想、為什麼這麼做。

當然，最後你可能會發現，別人其實是笨蛋。但就算是這樣，其實你也毫無損失，而且還學到了一點：原來有些人的思考，可能會被某些事情誤導。所以，保持謙虛、假設自己無知，你怎麼樣都會學到東西。

那愚者呢？當他們看到別人做出自己不能理解的事時，通常不是假設自己無知，而是假設別人無知，大加嘲笑一頓之後，他也就忘記這件事了。在過程中，他不會學到任何事情，哪怕別人真的比自己強、哪怕別人想得比自己周全，他也完全學不到。也因此通常就是原地踏步，難以擺脫愚者身分。

　　所以，我覺得「嘲笑」是一件很可惜的事。你如果能做到不嘲笑他人、保持無知、保持謙遜，其實就會在每個事件中獲得一些學習。隨著時間拉長，所謂的「智慧」就會從此增長了。

2.

三十五歲不結婚，
如何在親朋好友的眼中
活得自在一點？

最近有個讀友問了我一個煩惱。問題大概是這樣的：

「我是女生，我同意你文章中『不要因為時間到了就去結婚』的論點。可是，如果我 30 歲，或者 40 歲後還是無法找到能長久相處的另一半，甚至沒能結婚，請問你會給這樣的女生什麼樣的建議？不結婚的話，可能會引來周圍親友的關切，我該如何在這種眼光之下怡然自得呢？」

這確實是一個常常被女生問到的問題。只是關於這個問題，我想分兩個面向來回答：

1. 認識另一半與結婚是兩件事

很多人會覺得，結婚有最佳的時間點。

但我覺得結婚的關鍵不是時間，而是有沒有碰到對的人。

換言之，三十歲也好、四十歲也好，沒結婚不表示你錯過了什麼、不表示你過期了、也不表示你就該停止戀愛。「認識另一半」本來就是一個不管你到幾歲，都值得繼續嘗試的事情。畢竟我們人之所以為人，就是會希望能找到另一個能跟我們靈魂有所共鳴的他者。

這個人，能讓我們生活中的喜怒哀樂有人能分享，甚至哪怕就是一個單純可以說話、可以出門吃飯、可以一起看電視、可以承接情緒的對象也都很好。這樣的對象有了，結婚也好、不結婚也好其實反而是其次了。但這樣的對象，哪怕到了八十歲，也不表示需要停止追尋。畢竟每個人都需要在生命中被接納、被理解、被關注，而且唯有如此，讓你的生命有另一個值得想關心的對象，生命活力才容易被激發。

所以不要被年齡給自我設限了，甚至我還建議，你應該盡量嘗試把自己拋入戀愛中。

不要害怕嘗試、別怕接觸人、也不要害怕被拒絕或

是受傷。我常常說，戀愛其實是一段自我觀照的旅程。這旅程絕對不容易，我們在過程中都會碰壁、都會受傷、也會挫折。更常常會發現，有些人一開始還感覺不錯，但隨著後來越認識後，反而是越看越不順眼。這時候你才發現「啊，原來我人生在這些層面其實也很在意的啊」。

換言之，每一次的戀愛，無論成功或是失敗，其實都是了解自己的過程。你會發現自己的不足——可能無法承接住別人的需求、可能傷害了別人、也可能因此傷害了自己。而每次失敗，也都讓我們有機會思索自己的不足，思考自己的人生到底要什麼，並願意為此犧牲什麼。

一旦我們能因此清晰思考後，我們將會成長，我們將因此成熟、蛻變，並轉為圓融。最終，我們終將在這旅程中成為更好的自己。

所以，你可以不結婚，但請你千萬不要放棄為你自己人生好好活一次的機會。

2. 到了一定年紀，不需要再勉強任何事情，包含自己、也包含友情

「周圍親友關切」確實常是很多女生的困擾。她們並沒有覺得自己的選擇不好，可是已婚朋友常露出那種「你將來就知道的」的眼神，總是讓她們慌亂。很多人不免常

常自問：「我是不是也該隨意找個人嫁了呢？」

「你是否該結婚」這類主觀判定，我不想影響你。但如果你會被別人的關切造成心理不舒服，最好做一些相對應的處置。

我的建議其實會讓很多人瞪大了眼：就是呢，如果這些身邊的朋友，真的很讓你困擾，那不如……就換一批朋友吧！

這並不是賭氣，反而是出自一個「珍惜舊時友誼」的建議。

其實你想想，在成長的過程中，本來就有朋友靠近、有朋友疏遠。以 30 歲以上的讀者而言，每個人都會有些國高中時期要好的朋友。當年可能一起去福利社、一起打球。女生的話，搞不好是一起手牽手去上廁所、甚至每天講哪個男生很帥的那種閨密。

長大了，你跟對方卻不知不覺減少了往來。為什麼會這樣？因為你們生活場域不同了、工作環境不同了、工作類型不同了、重視議題不同了、甚至講得誇張點，你們其實本質上一切都不同了。比方說，畢業後，你可能出國念書，他可能留在台灣。當兩個人生活走在平行線上，下次見面時，真的不知道能談什麼。充其量也只能講些小時候回憶——哪個同學去了哪裡，當年某某事情你還記得嗎？

之前暗戀的帥哥變成大叔了。然後兩人哈哈大笑一番。一邊笑、一邊按著眼角，搞不好你心裡也暗想著：「還是別太常出來了，不然兩人沒話說時，還真是尷尬……」

朋友這東西的麻煩就在於，離開了生活脈絡之後，疏遠反而是保持關係不變質的保護手段。

也因此，當朋友踏上不同的人生階段，就是一場生活變換對於距離調整的考驗。過去要好的朋友，離開職場結了婚。慢慢地她在意的話題就圍繞在老公與小孩身上。她害怕孤單，所以會千方百計鼓勵你跟隨腳步。你如果想跟隨，那當然很好，你們又會有相同的話題接續友誼。

如果你不結婚，慢慢地，兩人自然減少了共通話題。勉強見面，除了聊自己生活，及關心你的婚姻狀況外，就只有懷舊以及空白的沉默相伴。這對你或她都是負擔。甚至被過度關心下，你搞不好會講出造成衝突的話語。

如果你是重情的人，這狀況反而應該適度拉開距離。生活方式改變下，會自然而然讓我們跟一些人靠近（新工作會有新朋友）；生活環境改變下，我們自然也會跟一些人拉遠。這不是對錯的問題，甚至很多時候是必要之惡。

就因為你重視，所以你該保持點距離。讓距離拉出美感，也讓這段人際交往可以走得更久一點。

3.

人際關係不順利？
也許是你太過用力
「當」好人

人際關係不太好的，通常有兩類。

有一類比較自我中心。或許行事白目，或許不太在意別人，不過通常都不太會為此煩惱。因為不太在意他人的族群，常常能力很強，各方面也優秀。就算別人不喜歡他，也不得不與他合作。至於白目者，他們通常不會發現自己得罪人。沒發現，當然心裡也就不困擾。所以，對這兩種人而言，人際關係可能不是他們煩心的問題。

比較可憐的，比較是第二類型的人。他們的性格其實很敏感，在團體中，很容易注意到風吹草動與蛛絲馬跡，常從別人的眼神與話語中，不斷在注意別人對自己有沒有

什麼「意見」。也因為敏感度很高，就會很希望自己能得到大家的喜歡。但這類族群的尷尬之處在於：明明自己面面俱到、謀求周全，但人際關係卻常常不太順利。無論怎麼周到，還是有人會有微詞，亦或是軟土深掘，當自己好欺負。怎麼總是無法讓人人喜愛自己呢？

所以今天我想針對這個「好人族」，來聊聊他們的問題到底是什麼，又該怎麼辦？

為何人善被人欺？

我自己的觀察是，這類族群太努力在「當」好人，反而容易被大家所排斥。

咦？這是什麼意思？難道我們應該要貪婪邪惡、欺負別人嗎？

不是，我不是叫你使壞。好人本來就是理所當然的，你本來就該努力「成為」好人。可是「成為」好人，跟「當」好人是不一樣的。

兩者的關鍵差異在「理所當然」這四個字。舉例而言，你某天在路上扶了個老太太過馬路。如果這是舉手之勞，幫過也就忘了。你不會耿耿於懷，不會一直記掛「我昨天幫了那個老太太，她到底有沒有跟我說謝謝啊？她會不會打算把她漂亮的孫女許配給我啊？（又不是聊齋）。」

總之，你幫完後身心舒暢，然後就放在一旁。幫完就忘了，這叫做「理所當然」。

　　但為何我說很多人是在努力「當」好人？因為「當」好人的意思就是，很多人是因為責任感、因為身分認同、因為想討好別人、因為希望別人喜歡自己，所以明明事情並不想做，但卻覺得自己「該」跳出來做。像明明自己很忙，可是同事來拜託，你覺得自己應該要優先幫忙同事，才會受到別人喜歡、才能被別人認定是好同事，所以你放下手邊的工作先幫他。結果搞到最後自己事情做不完，還被老闆罵。這樣勉強、這般辛苦、又還被老闆罵，通常就會期待：「我對你這麼賣力，你應該要感激我吧？」可能偏偏對方疏忽了，只是口頭道謝，沒有特別回禮，或是下次找他幫忙結果他因為很忙而拒絕，當事人心裡可能就不痛快了。又恨又氣又怨天尤人，覺得自己怎麼總是好意被欺負。但這不是好人被欺負，而是因為你「過度勉強自己」的緣故。

　　再比方說，很多人會覺得，我若是個好男友（或好女友）就該幫對方做這個那個（如每天接送）；我是個好媽媽，我就該負責那些工作（如把家裡打掃整齊、或是煮好吃的菜、幫他洗衣服整理房間等）；我是個好兒子，我就該盡哪些責任。明明自己做這些事情不擅長、吃力又委屈，

但不做卻害怕自己擔不起「好」這個字，所以勉強自己去做。勉強了自己也罷，偏偏對方覺得理所當然，或是沒有感謝，所以越發讓自己不痛快。

你有沒有發現，這些例子都是一個人努力讓自己去「符合期待」？當你不是「輕而易舉」的當好人，你就會過度用力。過度用力就會斤斤計較，就會去衡量對方的回饋跟自己的投入有沒有成比例，然後就會不滿與不爽。

解決方法只有一個：不要為別人而活

很多人以為「我事事為別人，別人會感激，會更用力的回報自己」。但我得說，只要你心裡開始有「期待回報」的念頭，就代表你做超額了、過度了。然後很可能就會搞得大家都不快樂。

像我常常聽到有人會說：「我為了給小孩一個完整的家，才始終不離婚。」這乍聽起來雖然很偉大，但實際上卻是很糟糕的選擇。因為行事中若有委屈，一定渴望回報。累積了一堆委屈，將來就很容易變成情緒勒索的母親：「我為了你吃了這麼多苦，你現在就這樣回報我？我以前辛苦的養大你，現在翅膀長硬了就不聽我的話了？」你我周圍不是很多這種劇情嗎？也因為自己過度投入，當一切不是理所當然，當然就無法接受期待與現實的落差。何況不離

婚，也不代表小孩就真的擁有「幸福家庭」。很可能父母雖然都在，但其實是吵吵鬧鬧或是每天冷戰，小孩還是沒有得到什麼完整的家。可能小孩好不容易長大了，還要處理一輩子委曲求全的母親情緒。這種「當好人的委曲求全」，最終只是害了自己以及自己原本想幫助的人。而且，別人很可能最終都不會感激你的所有犧牲。

所以，如果自己心裡會覺得不平衡，就不要勉強自己去演好人。因為你不是，你就不能做到真心誠意，你就會期待回饋，然後就不免會酸言酸語或是擺出臉色來。別人又不是傻瓜，自然會感受到你的「交換」或是「敵意」。結果就是你搞得自己很辛苦，但別人卻越發不感激。你自以為是的好人情節，反而是人際關係惡性循環的起點。

很多仇女思想的根源也是這麼一回事。女生電腦壞了，男生想的是「哎呀，我懂電腦，我可以幫她修。修好了她可能很感動吧？搞不好我就可以順利跟她交往了。」結果費了好大力氣，搞得自己累得要死，對方卻只是口頭道謝，於是男生心裡幹得要死，難免就會講出一些酸話、施壓對方要求交換（請客或是希望對方答應約會）。這些要求讓對方感覺困擾，就會想疏遠。當事人往往沒察覺自己做了讓人想逃的事情，只會產生：「天道不公啊！明明我是好人，我卻被欺負。別人都是渣男，女生怎麼反而喜

歡。」你只要讓別人想逃，其實就代表你不是真正的好人，你只是自以為是的好人！

至於「真正的好人」是怎麼樣？

他們其實不討好任何人、他們也只做自己負擔的起的好事。別人的要求自己幫不了，他們可以「勇敢」說 No，而不會擔心別人因此不喜歡他們。當別人需要幫忙時，他會做到不至於覺得犧牲與委屈的狀況。他們可以自在的做自己，而不覺得必須小心討好著周圍的人。也因為他們隨時都很平衡，幫忙也都是舉手之勞，就不會覺得辛苦、不會委屈，不會錙銖必較的計算投入與回收。大家覺得他們好親近，大家也喜歡去親近。他們也不刻意討好誰，時間拉長了，反而人際就自然的圓融了。

4.

你的人際關係多成功，
取決於認知邊界的廣度

　　所謂認知邊界，指的是我們根據過去人生經驗而對世界所描繪出的規則與界限。換句話說，我們與外在的互動，其實是主觀詮釋後的反應。也因為主觀詮釋將影響我們的反應，所以若能對別人行為有更廣泛的詮釋解讀力，你就能有越圓融的應對反應。

　　但，這是什麼意思呢？

　　有人還記得駭客任務（The Matrix）第一集的最後嗎？ Neo 本來一直是軟弱的可憐蟲，到處逃跑著。但在最後他終於領悟了自己所處的世界不是真的，全都只是電腦程式碼。而當他能看穿這一點，對於世界的認知突然就大不相同了。他開始可以直接看到母體的程式碼並進行修

改，於是就取得了超乎原本的力量。這就是所謂認知邊界拓展後的改變。

但大家可能會說：「真實人生又不是電影，我的認知邊界就算拓展了，湯匙也不可能彎曲啊？」

對，在現實世界中認知邊界就算拓展，湯匙還是湯匙，也沒有母體這東西存在。可是當你的認知邊界被拓展後，你就有辦法能「拉高視野」。而能拉高視野的人，其實會有類似可以窺見母體運作的能力——意思就是搞清楚了世界運作的本質。而這部分我覺得非常重要。因為世界運作的本質懂得越多，你應對別人的方式會開始不同，人生結果就可能有所差異。

來打個比方吧。像過年時，大家總會碰到很討厭的親戚。他們老問你「怎麼還不結婚？」、然後叫你「不要這麼挑」、或是問你「何時生小孩？」「薪水有多少？」，完全就是哪壺不開提哪壺。多數人在碰到這類親戚時，心裡其實都很氣。可能在心裡 OS：「這些事情干你屁事？」但對方畢竟是長輩，你不敢真罵出來，只敢在心裡隱忍，最後氣得要死，談話結束時可能手還一直抖。越不敢反擊，下次就越拚命躲著他；不然就是忍功不夠好，被問到最後，實在忍不住講了一兩句很衝的話，結果變成對方跳起來不爽。無論哪種狀況，對人際關係的影響都極度負面。

但面對此問題，若「認知邊界」能拓展，問題就會大不相同。

你會氣，會想反擊，是因為在「你的主觀認知」中，會覺得對方是「故意」找你麻煩、想羞辱你、所以心裡會很氣。可是如果我跟你講，對方未必就是心存惡意呢？會問這些話的人，有一定比例根本只是有社交障礙。他很想跟你建立友善的關係，但因為不知道年輕人的話題，所以只好亂問一些問題（就像國小的小男生想吸引女生注意，卻只會拉對方頭髮）。再不然，有些長輩問話，其實只是一種「防禦型的關心」──自覺該對小輩關切些什麼，可是又不知道能做什麼，而且也沒有真想做什麼太複雜的事情，所以就透過這些問題來「表達」他的關心。最少，之後他還能安慰自己：「我也是很努力想關懷他耶」。

所以，當碰到這兩種狀況，其實你回答什麼都沒差，因為他只是想表達「有關心你」而已。所以當他問題問出了，就自覺自己有關心了。至於你想結婚也好，不想結婚也好；錢賺得多也好，錢賺得少也好，對他來說都沒差別。所以，大部分時候對方問這些問題，可能都沒有太多惡意、也不是針對你，你其實不認真回答也沒差。

你看，當你知道「這類問題，未必是真想干涉你」，你就可以心平氣和放輕鬆地打個哈哈敷衍過去。甚至，一

且你理解很多長輩其實是很想跟你親近，只是根本上不擅於社交，這時候雖然仍舊會碰到這些尷尬的問題，但心裡感受到的不再是憤怒，反而可能是同情。同情長輩不知道怎麼跟你聊天，憨厚笨拙地嘗試用問問題當彼此的連結。當同情出現，你就沒有憤怒。而當憤怒沒有遮你的眼，你就能平心靜氣地敷衍過去。就結果而言，他沒得罪你、你沒生氣、你沒反擊、你沒得罪他，最後大家和樂融融，人生不就不同了？（當然，惡意挑釁的長輩，則會在你反覆敷衍下，拚命把話題拉回來。這種狀況，你大可以適度反擊，一樣也不用氣在心裡）。

現況，常是過去經驗的束縛

總而言之，我們很多人在現況的困局，往往都是過去經驗的束縛。如果碰過控制狂的父母，對於權威就常常束手無策；碰過渣男，就容易認定男人都不是好東西；碰過愛慕虛榮的女生，自己就會在不自覺中漸漸仇女。換言之，現況的痛苦，常是過去經驗的反覆示現。

所以，你如果希望人生不再重複過去的狀況，就得努力拉高視野，讓自己對於人際關係的「可能性」有更多的想像。

像我在「戀愛大人學」這堂課程中提到有數個讓人在

戀愛中失敗的致命錯誤，其中一個叫做「出錯牌」。為何有人會在戀愛中出錯牌？關鍵也就在於很多人對現實的認知太狹隘。認知太狹隘會讓你對於別人的行為產生錯誤解讀，自然就會做出不合宜的反應（不該發怒你發怒；不該送禮你送禮；不該告白你告白；不該貼近你貼近；不該要求你要求等等）。

　　一個非常簡單的例子是面對謊言。很多人會覺得，相愛的兩個人是不該有秘密、對方也不該因為任何事情有欺騙的行為。但這種認知從何而來？其實是來自於我們的學校教育，老師與課本拚命告訴我們，說謊的就是騙子，騙子等於壞人。壞人就是……壞！所以大部分人就直覺把這等號起來：騙子＝壞人＝不可接受。而親密關係當然不能跟壞人在一起，所以身邊的人當然不能騙我。甚至有些情侶還會覺得，兩人之間完全不能有秘密才是最好的關係。一旦對方隱瞞了什麼，就表示對方騙了自己，那對方就是壞人，然後就會「直覺地」想做出嚴厲的反擊。

　　但如果你在此冷靜一下。先放下過去別人灌輸給你的知識，也就是欺騙＝壞人這樣的捷思途徑。你試著把視角拉遠一點：欺騙一定都是壞事嗎？若到了一定年紀，必然可能會理解：欺騙在部分情境下，反而是在意他人的表現。比方說，別人請你吃他很辛苦手做的食物，明明很難吃，

但成熟的大人是不會說「這超難吃的」，而會眉開眼笑地表示「這東西真美味」。你的欺騙，不是因為壞心，不是對他有惡意，而是因為在意他的感受，不希望他內心受傷。這時候如果不說出謊言，直說出不加修飾的評語，反而才是毫不在意的惡毒。

當然，我不是要說服你「騙子其實是好人」的論點。而是試著告訴你，當你的人生歷練夠多（無論是自己拓展，或是別人幫你拓展）後，當你理解欺騙有可能是代表好、也可能代表壞時，當下次面對有人騙你時，你就不會立刻從「騙子就是壞人」的道德標準來下結論。而會理解：你必須先拉出整個脈絡，理解對方騙人的動機與原因，才能真正去「詮釋」出這行為到底是良善的還是惡意。當整個思路都釐清了，你在出牌上的選擇也會從狹隘變得廣闊。

所以，不管是戀愛關係、職場人際，或者親戚朋友的相處也罷，我認為「拓展認知邊界」是最重要的練習。

碰到問題，會立刻將人二元分類時，表示你認知邊界太窄了

像我在授課中會發現，許多戀愛不順的案例，根源都在於認知邊界不夠廣。畢竟教育過程中，幾乎所有的父母師長都絕口不談任何跟戀愛以及兩性相處相關的議題。所

以大家最起源的戀愛認知，都只是來自於小説文本（好男人、好女人會做什麼）、或是道德框架（好男人、好女人不會做什麼）。不過，最後能在關係中收穫成熟的大人，其實都不會在這樣的概念裡停滯，他們會不斷根據自身的戀愛經驗，拉大自己的認知邊界。最後才會變成一個善解人意、客觀大器之人。

如何檢視自己認知邊界夠不夠呢？

我給的一個簡單建議就是：如果你在人際關係中，很容易走向「對錯」、以及「好人壞人」這類二分法的分類時，通常就是認知邊界極度貧乏的族群。

我的偏見是，在所有的人際關係中，根本沒有所謂的好人與壞人，也未必有對錯之分。例如，很多人提出戀愛問題時，我常看到這一句結論：「你幫我評評理。我對他這麼好，他怎麼可以這麼對我」。（「怎麼可以這麼對我」未必是出軌之類的大事，也可能只是「對方怎麼可以不及時回應我的訊息」這類事情……）

但我得說，戀愛中對方會不會做某個事情，跟你有沒有站在道德上的正確點，以及你投入多少力量並沒有直接的關係。對方可以，也會在現實中做出任何事情——只要他有優勢，只要你沒辦法離開。雖然他做這些事情未必在道德上正確（或未必在你世界觀中正確），但你就是無能

為力。

　　所以其中應該提出的思考關鍵，並非反覆思考「他怎麼可以」，或「為何別人會這麼壞」；反而更值得思考：**「為何事情會演變成這樣？我若不喜歡這結果，是我過程中出錯了什麼牌的緣故嗎？」**

　　責怪別人是簡單的，卻不會讓自己的狀況變好，別人也不會因為你說他是壞人就配合你。所以我的偏見以為，我們更值得去理解：「在這局勢中，人性的自然力量是什麼？我又能怎麼做去疏導對方的這些人性欲求（欲求不一定是性愛，懶惰也是一種人性、習慣也是一種人性），然後讓未來自己的處境能變好」。但要能拉高視野到這個程度，認知邊界的持續拓展就很重要。如果只是待在對與錯的認知中，你就沒辦法去理解「別人可能怎麼想」、「別人可能怎麼做」。當世界觀只有二分法時，那所有結果跟自己期待相反的，都只會留下生氣與埋怨。甚至當你總有著錯誤的認知，還容易建立出錯誤的篩選機制。讓你總把該留下的人放生了、卻把該放生的卻留下了（可參考本書 P.250 一文）。然後反覆不能理解，自己為何總是碰到不對的人。

　　但當你對於各種「可能性」都理解時（如說謊可能是惡意、但也可能是善意），你在碰到類似問題時，你才有辦法看懂局（所以我們很強調看懂局）。而看懂了局，你

循著整件事情的脈絡分析，你才知道自己的處境。而知道處境，才知道自己該怎麼「詮釋」現況，並做出合宜的反應。當結果不如你所期待時，你也不會驚慌，因為別人也不過就是循著人性在反應。一旦局能看懂，選擇就清晰，也就不會被情緒牽扯而做出極端的事情。在很多衝突中，就能讓衝突軟著陸了。就算你最後理解別人只是純粹自私自利，那你也可以悄然退開。

　　有人會問，所以要拓展認知邊界，只能透過上課嗎？我覺得未必。我在很多文章其實都強調：「你該多跟異性互動」，其實目的也是希望大家能自主地拓展認知邊界。這裡要再提一次的是：所謂互動，未必是約會或是交往，而是讓自己身邊多些異性朋友，多聽聽他們怎麼看待戀愛與兩性關係。其中的關鍵在於「保持開放的心情」，不要被傳統的「是非對錯」綁架住了。比方說，當聽到別人劈腿的故事，不要立刻下結論：「那男人就是渣男，結案」，而是該去思考，為何這段關係最後變成這樣？對方明明劈腿了，為何沒有要女生分手？反而被發現還決定回來？這些行為背後到底是怎麼回事？讓自己跳脫對錯，你才會想得更多。

　　我要提出另一個我覺得滿有值得的觀察法：從觀察他人的戀愛去練習。我建議你可以去看一個叫「戀愛巴士」

的節目，這節目在我「小時候」有段時間很紅，而之前又開始在Netflix上播出了。為何推薦這節目呢？因為在這節目中，你能站在中立的角度，看待男女的相處。你會有機會看到，無數男女在面對同一個問題上的不同反應。這也是一個讓你拓展認知邊界的方法。因為原本你認為「理所當然」的事情，在別人眼裡其實未必。當你理解「其實沒什麼事情是理所當然」之後，你可能在下次類似問題時，就會嘗試用不同的認知來理解現況，也更能設身處地地從別人的觀點看事情，或是在日後面對別人時，心理能拓展出更多的「可能性」以及互動方式。

認知寬了，選擇就多了

我最後想說的是，世界本來就有各種樣貌。沒有任何一個樣貌是絕對的真理，也沒有一個樣貌、或是一種關係代表最佳。結婚也好、生子也好、不結婚也好、同性關係也好、多人關係、甚至不倫關係，都不過是各種關係的類型之一。你需要的不是判斷善惡，而是理解別人為何如此選擇的原因，並嘗試將自己放在位置上感受。

總之，無論在戀愛中，或是任何人際關係中，你若能對世界的樣貌認知越多，越能理解「大人的世界狀況」，以及處在其中的人的妥協、無奈、在意、以及遺憾。那你

日後，遇事就能越從容、越不容易大驚小怪，也在每次的人際衝突中，越能輕鬆以對、也越能做出好的結果。

不大驚小怪，就沒多餘的情緒；通透人性，自然就能不被憤怒、忌妒、激烈的反應所牽扯，也就能讓你的人際關係越來越圓融與和諧。

5.

所謂做自己，就是用自己的意志扮演自己想要的角色

我在「職場大人學：職場人際關係與優勢策略」這門課中，針對職場的角色定位這個議題，與同學有許多深度的對話，幾乎每隔幾班就會有同學提出這個問題：

老師，如果我們總是在老闆客戶面前，扮演他們所期待的角色，那豈不是無法真正「做自己」了嗎？

「做自己」這件事看來真的很重要，不是嗎？若是為了滿足別人的期待，扮演對方想要的角色，最後很可能會喪失本性，迷失自己，聽起來確實頗嚴重！

但不知為什麼，從小到大，我很少去思考「如何做自己」這件事，但我發現我周圍擔憂「喪失自我」的人還真不少。

最近看了 PayPal 創辦人 Peter Thiel 的一篇文，當中的這句話深得我心：「不要忠於自己。你怎麼知道有『自我』這麼一個的東西存在呢？你的自我也許是在跟別人競爭中被刺激出來的，就像我這樣。你需要約束你的自我，要把它培養好、照顧好。而不是盲從於它。」我想這就是我很少去想「做自己」的原因！

和「做自己」相比，我更常思考的是蘇格拉底的名言：「認識你自己。」高中時代印象最深的一本課外讀物是《尼采語錄》，尼采也說：「離每個人最遠的，就是他自己。對於我們自己，我們不是知者！」

人是少數能意識到「自我」存在的生物，據說自然界中除了人類唯有猩猩與海豚照鏡子時知道裡面那個影像就是自己！對於大多數的動物來說，「做自己」就是遵循動物本能：狗狗有狗狗的行為，貓咪有貓咪的樣子。但對於人來說，因為我們有更複雜的自由意志，同時受到社會價值的影響，所謂「真正的自己」，恐怕在嬰兒時期第一次聽懂媽媽的呼喚時，就進化了。在「自己」這個東西已經質變的前提下，就更難說清楚「做自己」是什麼意思了。

存在主義的大師沙特說：「我們是痛苦的，因為我們自由！」這裡的自由，說的就是我們的自由意志。人類距離最原始的本性已經很遠了，所以我們不知道原始版的「自

己」到底是什麼，所以感到惶恐與痛苦。我覺得，人生最艱難的功課，並不是「做自己」，而是「定義自己」，我們得不斷思考，不斷嘗試，去決定我們想成為什麼樣的人！

我跟好哥兒們講話常常口沒遮攔，但我上台授課卻不會如此，這與做不做自己無關，而是在學員面前我選擇扮演好老師的角色；我曾經看過正妹跟姊妹們嘻笑怒罵的潑勁，但男朋友一出現，馬上小鳥依人，那嗲聲更是甜膩到不行，雖然我在旁邊差點沒笑出來，但我不認為這樣有何不對，她也只是想扮演溫柔情人的角色，兩個人開心就好，這都是出於自己的選擇！

就像卡通影片演的一樣，遇到抉擇時，每個人肩膀上都站著兩個小人，都是自我！一個是動物性的自我，本能主導一切，還有另一個社會化的自我，懂得思考與價值判斷。越成熟的大人，越懂得平衡兩者的聲音，選擇自己該扮演的角色！

我心中真正佩服的人，不是內心純淨無瑕的完人，而是懂得運用自由意志，來掌控自己行為的人！例如，當我們看到旁人比我們成功而感到嫉妒，不必為此感到羞愧，我們的大腦原本就會對刺激做出本能反應，只要你能用意志掌控行為，說出祝福的話，並且學習對方的長處，對，你或許不是完美的人，但你是成熟的大人，你決定了要成

為什麼樣的自己！

　　認識自己，相信思考，勇敢扮演你想要扮演的角色，塑造你真心認同的自己，這才是「做自己」的真諦。

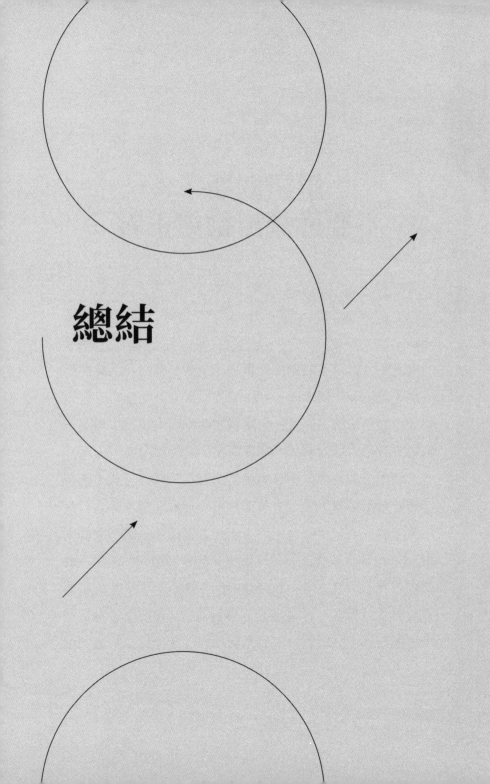

總結

1.

解決問題，
不要仰賴道德與正義

　　人生大大小小的選擇何其多，這些選擇往往沒有標準答案，也沒有任何標準公式，讓我們代入計算就可得到正解。我們能做的，便是透過日常生活的觀察，逐步建立一套屬於自己的思維模式，來應對人生的各種選擇。

　　所謂思維模式，就像具備人工智能的電腦程式，能夠客觀地分析情報，得出一個或數個相對合理的策略，並藉由策略的成敗來反推自己的思維是否正確。曾經打敗韓國棋王的 AIphaGo 程式，就具備這樣的學習與判斷能力。雖然聽起來很厲害，但 AIphaGo 還是需要人類提供大量的資料與經驗累積，才能逐漸「變聰明」。我認為人也是一樣，要透過不斷地觀察、思考與檢討，才能逐步加強判斷

能力。

AlphaGo 需要輸入很多棋局，人則簡單多了，日常生活大小事都是有用的「輸入」，我們可以藉此訓練自己的思維能力。

2016 年有一則新聞，標題是《台南愛心司機遭禁駛，網友一面倒聲援》。起因是台南有位公車司機，對老年乘客非常有愛心，怕他們摔倒，會一個個攙扶他們上車，同時一定等老人家坐穩才開車。他的服務雖然受到很多老人家的推崇，但因為班次常誤點，公司屢次勸誡都沒有改善，因此遭到停駛處分。這位司機先生覺得委屈，因為他曾經在日本開過公車，這樣的服務態度明明是受到認可的；沒想到回到台灣卻被懲處，所以透過民代陳情，消息因此曝光。

看到這則新聞，你會怎麼想？我上網看了一些網友的回應，多數是以下這幾種意見：

「企業一切以利益為優先，忽視顧客及員工福利。」

「跟日本相比，台灣的服務精神實在相差太多了。」

「在台灣，你好好服務，反倒被企業當成問題人物。」

多數人會站在弱勢者，也就是公車司機的角度來評論，這是可以理解的。不過很明顯，這些意見都有「對立」

的成分在：司機 v.s 公司、勞方 v.s 資方、被壓迫者 v.s 壓迫者、正義 v.s 邪惡⋯⋯。很遺憾地，這樣的二元對立，在科技進步的今天，仍存在於許多人的腦中（可能因為這樣的思考比較簡單直接吧）。但這種選邊站、非黑即白的思考模式，很難真正地解決問題。也難怪新聞事件中，客運公司以懲處作為手段，而公車司機則以民代陳情作為回應。結局是公司的名譽掃地，司機先生丟了工作，老人家少了個好司機，完全沒人得到好處。

但如果以管理顧問的邏輯來切入，整件事情可能會有完全不同的走向。

首先，一般人最在意的「公平正義」與「誰對誰錯」等情緒，是第一個該被抽離的元素。為什麼？因為我們的目的是讓最多人獲得利益，而非如擂台賽般地判定誰輸誰贏。道德與法律，雖然是維繫社會秩序的最後底線，但往往不是解決問題的好工具！

接下來，我們該釐清這則事件的陳述，以及陳述背後的「因果關係」。先將新聞簡化成：

司機為了老人家的安全，花時間一一攙扶，導致公車誤點，引發學生上班族抱怨。

公司警告司機必須遵循班表，以符合規定與維護其他乘客權益。

司機堅持老人家的安全最重要，不願妥協，導致被公司懲處。

（以上資訊以新聞提供為準，這裡只是當成思考的訓練。如果真的要替企業解決問題，則有必要再深入調查。）

而以上敘述，又可簡化成三項基本論點：

論點一：司機攙扶老人→老人獲得安全

論點二：司機攙扶老人→公車班次誤點

論點三：公車班次誤點→害上班族遲到

這當中的「→」是所謂的「假設」。要解決爭議，就必須仔細思考這些假設，是「絕對不可挑戰的必然」，還是「有轉圜空間的主觀判定」？

我們可以反問自己幾個問題，就能逐步發現這些論述背後的盲點。

問題一：司機一定要攙扶老人，老人才會安全嗎？

（盲點：設置車掌來攙扶或改用低底盤公車不行嗎？）

問題二：只要司機去攙扶老人，公車就一定誤點嗎？

（盲點：讓該名司機加開老人班次，是否可行？）

問題三：公車若真的誤點，其他乘客一定會遲到嗎？

（盲點：不能在尖峰時段加開班次嗎？）

　　只要稍加思考就會發現，許多論點是略嫌武斷的，其實有很多種方法可以滿足老人家的需求，滿足司機的服務熱忱，也滿足其他乘客對準點的期待。事實上，確實有網友提出較為理性的論點，例如「日本的公車是如何兼顧服務與準點的？應該去研究一下！」「難道所有服務好的司機都會誤點嗎？這當中應該有方法。」「能否統計老人較多的時段，加開低底盤的老人專用班次，請這位司機去負責！」甚至還有網友覺得「請年輕的上班族或學生幫忙攙扶老人，給予特別優惠。」「客運可以表揚該司機，藉此宣傳企業形象。」你看，只要擺脫那些不必要的「假設」，各式各樣的解決方案就紛紛出籠了。

　　小時候看電視卡通，裡面總有正義的一方與邪惡的一方。即使到今天，電影中也不乏正邪對立的角色。但我認為，一個成熟的大人，應該體認到這個世界並非二元對立。遇到爭議時，別急著用道德或任何既定價值觀來判斷對錯。請試著用邏輯與理性來看待問題，這樣往往能為自己與他人帶來更多的好選擇！

2.

該堅持到底還是適時停損？
評估的兩個關鍵指標

　　你可能常聽到有人說，成功的關鍵在於堅持到底，就算碰到挫折也不要放棄；不過，也有另一種說法是，能在社會上活得久的人，都是懂得適時停損的人，這樣才不會遭遇重大失敗。

　　這兩句話分開來看好像都很合理，可是如果擺在一起，就會讓人有點困惑：我們該凡事堅持到底，還是只要事情進展得不如預期就停損？

　　在分享我自己的看法之前，我想請你先思考以下兩個情境題。

假設你是男生，或你有位男性朋友，非常喜歡公司裡的某個女同事。但無論再怎麼熱情邀約，總是被這個女生拒絕；主動找她聊天，她也只是冷漠回覆幾句。

再過幾天就是情人節了，這時候你應該：

A. 精心規劃一套浪漫的行程。例如準備 99 朵玫瑰花在所有同事面前向她告白，然後再邀請她一起去高級飯店吃飯。

B. 找朋友或自己一個人度過。

情境二

假設你是一位之後想到海外工作的上班族，為了提升英文能力，報名了為期一年的英文帶狀課程。你就這麼上課了三個月，但因為英文底子不好，所以覺得自己上課後雖然有些微進步，但進步幅度其實也有限。

下個月開始，你的工作將進入忙季，可能無法每周準時上課。雖然學費對你而言不算負擔太大，可是現在申請退課，還有機會拿回大概一半的學費。

這時候你應該：

A. 不退課，撐過忙季後再設法擠出時間繼續上課。

B. 退課，先休息一下，等之後有空再說吧。

面對以上這兩個情境，你會怎麼選擇呢？

如果我是上述兩個情境中的主角，我在情境一會選擇B，讓自己停損不要繼續。我在情境二會選擇A，讓自己持續下去不要停住。為何面對這兩種情境，我會分別做出不一樣的選擇呢？

因為對我而言，評估一件事情該堅持還是停損的參數有兩個，分別是「累積」與「傷害」。

1. **面對「累積多」（也就是繼續下去會累積出更多價值）的狀況，就堅持下去。**
2. **面對「傷害多」（也就是繼續下去沒什麼幫助，反而還可能讓局勢更糟糕）的情況，就選擇停損。**

這麼說明可能還有點抽象，我們不妨以這個原則來思考前面的情境題，你大概會更好了解。

在第一個問題中，你想追求心儀對象，而對方始終不願接受，在這種狀況下，你越努力，往往只會讓對方越不舒服、想躲開你。對方原本可能只是對你沒感覺，但隨著想逃避你的感受增加，對方對你可能就會從無感變成討

厭、甚至是憎惡。

　　小時候有熱切追過女生的男生，大概都有兩人最後老死不相往來的經驗。但到了一個年紀，我們總該知道，被人討厭或閃躲其實並不是好事。

　　當然，有些人可能原本就看我們不順眼，這部份我們無能為力，也未必需要做什麼處理。但讓原本不討厭我們的人，最後因為我們的錯誤出牌——例如問題中這種「過度用力」的追求，而變得討厭我們，甚至連對方的朋友都連帶敵視我們，那通常就不是好事。尤其如果這些人是你的同事，這絕對是大壞事。

　　你若懂得緩下來、不過度追求，對方還可以繼續跟你維持同事關係，也還會是名義上的朋友；但你突然在人前高調告白，讓對方不得不直接拒絕你，將來想繼續當朋友，甚至發展戀愛關係的可能性也就幾乎是零了。（如果你對「努力追求會造成關係傷害」這概念有點不理解，建議你讀《為何會拿好人卡》，或透過【為什麼不該追求愛情】這段演講來深入了解。）

　　這種過度追求其實就是「傷害大」的情況，繼續下去會讓局勢惡化。按照我前面提到的原則，如果我碰到這種傷害大的狀況，大概就會選擇停下來、不再繼續！

　　可是當我們面對到的是情境二，那對策又不一樣了。

在情境二裡，為了圓出國工作的夢而開始上英文課，不過因為英文底子不好，所以進步有限。很多人會在這種階段決定放棄，但我倒認為，這反而是你最該堅持的時機。原因在於，你做的事情確實有讓你慢慢往目標靠近。

要提升語言能力本就不容易，這類自我改變的主題，往往都需要一些時間醞釀，像健身減重、培養新習慣等事情也是一樣。你需要方法，也需要有人能引導你前進，還有另一項關鍵就是，你必須理解初期必定會有點艱辛，避免一下子就因為感到受挫而放棄。

為了達成出國工作的目標，你需要投入的除了時間，還有學費。雖然我在題目中有提到，學費對你而言不是負擔，但你若仔細想想，整個課程為期一年，你只上了三個月，現在退出卻要付一半的學費，這其實也並不划算。

所以我會認為，與其因為要忙一陣子而申請退課，還不如等工作忙季結束，繼續上完課程。最差的結果就是你付出了一年學費，然後進步幅度只有一點點；但最好的結果，也可能會是你有了超乎預期的進步，離出國工作的目標變近很多。代價低，但期望大，尤其又確實有讓你逐漸靠近目標，我認為在這種狀況下，就該繼續下去！總之，能不斷有突破、哪怕只是小小的突破，都該努力堅持！

以上就是我對於如何判斷應該「堅持」或「停損」的

想法。

不過分享完判斷原則，我也想再補充一個大家可能更常誤會的概念：「堅持」與「停損」其實都可能是到達終點的方法。很多人以為只有堅持才能達成目標，但事實上，停損也可能領著你抵達同樣的地方。

堅持的概念比較容易理解。因為目標很明確，哪怕前進得很慢，但把時間軸拉長，你與目標的距離其實自然會逐漸靠近。

可是很多人可能會忽略，停損也可能是一種達成目的的手段。

對我而言，停損的目的並不是放棄，而是不能因為你一時看錯、走錯、或選錯，導致元氣大傷，失去了最後抵達終點所需要的能力。

以「追求」的情境為例，停損的意義並非「從此不談戀愛了」，而是你明白繼續追求可能會破壞兩人之間的關係，於是雖然痛苦，你還是決定先停下腳步，不繼續做出會讓對方感到有壓力的行為。

你這麼做的目的，其實是希望留存關係，以待將來重新找到發展不同關係的可能性。

金融投資也是如此。如果你在某個時機點誤判了，投入資金卻沒獲得回報，釐清狀況後決定抽回資金停損，並

不代表放棄賺錢，只是暫時停下腳步，避免大賠。尤其如果你投入的金融商品槓桿很高，不先停下來，不只可能大賠還可能負債。這樣一來，你離賺錢這個目標又更遠了。

所以，停損並不是放棄，而是讓自己不要元氣大傷，將來還能繼續往目標邁進。

大部分人常把停損當成放棄時的辯解：太困難了就停損、太累了就停損、沒什麼進步就停損。但我得說，停損最終的目的很多時候並不是放棄，而是為了自我保全、為了重新確立目標、讓你可以繼續向目標邁進！！

既然堅持或停損都是為了達成目的，這兩者在邏輯上其實就能並存。只是你需要根據眼前的處境，做出不同的選擇。所以以我自己而言，簡單的判斷方式是這樣：

該努力堅持的時機是：

1. 感覺自己持續有突破和進步。
2. 繼續努力並不會有過大傷害。
3. 累積的東西最終可能創造突破，但需要一段時間醞釀（例如學習某個技能）。

至於該停損的時機則是：

1. 原本的目標目前改變了，繼續堅持可能只是浪費。

2. 堅持下去可能會讓你傷害到最終目標。

3. 堅持下去可能帶來傷害，甚至讓你元氣大傷。

這樣一分類，你有沒有覺得人生的判斷變得比較容易了呢？下次碰到難以選擇的狀況時，用以上的判斷方式來思考一下，搞不好你就可以清楚知道，自己到底該堅持到底，還是及早停損轉進了！

3.

對個人選擇負責
的三個態度

　　我常被人問到一個問題：「我沒辦法預測每個選擇會怎麼發展，我又如何能在將來對自己的選擇負責呢？」

　　不可否認，做決定確實會讓人感到恐懼。畢竟將來充滿未知，每個選擇都好似在沙漠中挑選一個方向任意前行。你不知道那個方向最後是找到綠洲，還是化為白骨。所以人們會害怕，想說事情萬一沒有照著自己的期待走，最後得出一個很糟糕的結果，那該怎麼辦？尤其心情上，該怎麼處理這份選錯的懊悔與痛苦，又該怎麼說服自己忍痛吞下這糟糕的結果？

　　這種對未知的擔心，確實可能讓人焦慮。尤其選擇越多、分析越多，常常會讓人更加感到不安。這時候若沒外

力相逼，往往會告訴自己再慢慢想一想。這也是馬雲說出「晚上想想千條路，早上醒來走原路」這句話時，會讓人拍案叫絕的原因。

但我得說：所謂對選擇負責的概念，其實重點不是預測，也不是如何讓自己接受結果，而是怎麼讓過程的每個當下都能正確地投入。換言之，要對自己的人生選擇負責，真正該承擔的倒是以下這三種責任：

一、每日的責任

賈伯斯並不是 20 幾歲決定車庫創業要發展電腦而自動變成科技霸主。若把他的人生切割成小段，每段人生都有高峰與谷底，也都有過程的堅持與努力。他創業的第一項 Apple I 產品雖然是成功的，而且也賺了錢；但這成功並沒有延續多久，後續的 Apple III 就以失敗告終。到了1985 年，他甚至離開自己一手創立的公司。但他沒有因此氣餒，選擇到外面經營新公司、經營 3D 動畫工作室皮克斯、與盧卡斯及迪士尼合作、專心嘗試設計，並練習對使用者的洞察，累積各種經驗，1997 年時又再度回歸蘋果。後面的故事大家就比較熟悉了，隨著 2000 年 iPod 的大成功，加上 2007 年 iPhone 的問世，讓原本幾乎破產的蘋果，聲望因此被推到史無前例的高峰。

所以，選擇這件事情，並不是今天做了一個決定，然後就只能等著老年後享受風光或承擔悔恨。就算天才如賈伯斯，他的人生也不是靠某個年輕時的選擇決定一生。選擇這件事情的關鍵，是你每天都可以持續在原始的選擇上做修正。

　　你想做什麼？當甜點師傅？當畫家？當工程師？成為創業者？開咖啡店？寫 App ？寫自己的書？找個性格相同的另一半？這些夢想能否成功，並不是做了選擇就從此定案，而是想好要往哪個方向走後，接下來每天都得做些可以持續支持夢想的決定。當每天都有些執行時，才有慢慢往夢想靠近的機會，否則那就可能永遠只是想想而已。

　　而且，以「不斷修正」的態度看待人生選擇時，對每個選擇的心態就可以更輕鬆些。因為你知道自己永遠有修正的空間，可以在每天、每個當下，觀察自己與夢想的距離，同時機動性地加速或修正航道。這部分的主動性，其實才是我們在面對選擇時，更重要的責任。

二、轉圜的責任

　　有人可能會問：「如果我碰上系統性的風險呢？比方說選了個職業，可是碰上整個產業的沒落，那不是完蛋了嗎？這可不是靠每日調整能躲過的啊！」

確實，這個可能性是存在的。但大部分的問題發生前，你還是有轉圜的空間與時間。此外，就算意外來得突然，至少這些人生經驗的累積，還是會以你想像不到的方式產生價值。

　　舉個例子，據說某家媒體最近要把紙本雜誌的部門收起來，所以很多人在討論媒體產業的經營變動。假設你是一個雜誌或是新聞媒體中的記者或編輯，碰到整個產業的沒落時，一定會很擔憂。可是擔憂能解決問題嗎？不能。責怪自己當年的決定能解決問題嗎？當然也不能。

　　不過，紙媒沒落並非一天兩天的事情，產業衰退早就有跡象，願意動的人通常都有轉職的機會。就算因為任何原因沒有提早離開，在自己身上持續累積的經驗，終究還是別人奪不走的東西。若有採訪、寫稿、下標、編輯、整合文字與美術、產製內容的能力，就算被逼著離開媒體，其他產業一樣也會需要這些技能。紙媒沒落，不表示數位媒體沒這需求；沒人看雜誌，但大家還是需要整理資訊與閱讀。所以過去工作期間累積的經驗、人脈、能力，一樣還是可以帶著走。

　　許多成功者的人生，都是不斷調整的過程，前面賈伯斯的例子也是一樣的概念。過程中他很可能也不知道自己最終會變成什麼樣，但他持續不斷地累積各方面的經驗，

不斷往各種方向嘗試，最後命運回報了他的認真與踏實。**我們也該如此，千萬不要悶著頭當鴕鳥，更不要妄想能一次做出某個睿智的決定。**人生不是單靠一個考試、一張證照、進入一個領域，就能從此高枕無憂。無論職業、伴侶還是投資，人生的所有選擇都不可能一次定終生。所以，我們應該張大眼睛，小心謹慎地做實驗，然後根據得到的回饋不斷進行調整。

所以你的責任，是睜大眼睛、保持警覺、盡量讓將來的自由度放到最大。心態上，也要讓自己保持彈性，接受市場調整自己。只要你願意謙卑、傾聽、累積實力、保持心態開放，總會有轉圜的空間。

三、及時的責任

此外，與其擔心選擇之後會後悔，大部分的人更該擔心的，是不選擇，眼睜睜地看著狀況越來越惡化，如同溫水煮青蛙般的「慢性選擇消失問題」。

人生最重要的資源是時間。如果我們都不動，隨著年紀增長，我們每次選擇時的選項只會越來越少、越來越陷入卡死的狀況。最後往往會走到無可奈何、只能被逼著接受唯一選項的境地！

比方說，20 幾歲的人沒有家累、沒有資產、沒有離

職的機會成本，基本上選任何一條路都沒問題。如果想創業，那就去試試看，失敗了也沒多大損失。反正沒有家要養、沒房貸要背，最多就是重新找個工作當上班族，還能多慘呢？

但如果等到30歲才打算創業，這時候可能在某份工作上已經做了5年，得放棄從頭來過才行。或是有了準備結婚的對象，就會為他帶來生活不穩定的風險，此時能自由選擇的選項就比歲時少一些。

但如果這時候還是沒做決定，又沒累積人脈或資產，等到40歲時，對於冒險這件事可能會更害怕。因為原本的工作往往已經做到高層，此時得放棄百萬年薪，機會成本變得更高。

此外，家裡可能有妻小、有房貸車貸要扛，任由自己冒險的選擇又更少了。所以不做選擇，時間只會把你的選擇一點一點奪去。

所以當你有夢想，就不該原地踏步直到時間把你的夢想完全奪去。想去哪裡玩、想拓展眼界，千萬不要當成退休後的目標，因為你永遠不知道退休後會是什麼樣的光景。而且所有事情都需要健康來配合，還需要有人跟你一起去做。若是忍耐到退休了，屆時身上可能確實有些儲蓄，但身體卻未必承受得住，可能是膝蓋無法彎了、或是

有慢性病、不適合搭飛機等等。換句話說，你永遠不知道時間過去後，還會剩下什麼選擇。而且屆時你可能會更膽小，擔心退休生活沒著落，不敢花錢。結果敬小慎微地過完一輩子，留下的仍然是懊悔與遺憾。

結論

所以我總是鼓勵別人，如果你有什麼事情想試試看，無論那是一個夢想，還是一份好奇，都要趁有機會時嘗試。因為選擇不是今天做了以後就只能等，過程中隨時可以根據新的資訊機動調整。而且很多時候，不選擇反而可能失去更多。

所謂對自己的選擇負責，我覺得不在於決定某件大事，而是怎麼看待自己的每一天。**說到底，我們人生沒什麼真正重大的關鍵選擇；每天的細微選擇，才會造就我們最後成為什麼樣的人。**也因為如此，我們更應該勇於做選擇，在還有選擇時把握機會，努力在過程中收集訊息，睜大眼睛觀察浪頭的變化，並在必要時改變自己。

最糟糕的選擇，就是我們閉上眼睛什麼也不動，然後被時間逼到不得不做選擇，任由人生走入卡死的狀況。這時怪天、怪地、怪爸媽、怪政府、怪命運、怪配偶，都只會讓我們走入更艱難的情境之中。

別忘了，擁有選擇權的人，永遠是自己。「不選擇」跟「勇敢選擇」承擔的責任其實是相同的。所以，對於自己的人生選擇，最佳的負責態度是不要憂慮將來未知的衝擊，而是去想如果現在不選擇，將來的自由度可能會更加縮限。一旦用這種角度去看待每一個選擇，做決定時往往就會簡單多了！

大人學選擇：成熟大人的獨立思考術

作　　　者——張國洋 Joe、姚詩豪 Bryan
設　　　計——張巖
排　　　版——葉若蒂
主　　　編——楊淑媚
校　　　對——張國洋 Joe、姚詩豪 Bryan、楊淑媚
行銷企劃——王綾翊

第五編輯部總監——梁芳春
董 事 長——趙政岷
出 版 者——時報文化出版企業股份有限公司
　　　　　　108019 台北市和平西路三段二四〇號七樓
發行專線——（02）2306－6842
讀者服務專線——0800-231-705、（02）2304-7103
讀者服務傳真——（02）2304-6858
郵　　　撥——19344724 時報文化出版公司
信　　　箱——10899 臺北華江橋郵局第九九信箱
時報悅讀網——http://www.readingtimes.com.tw
電子郵件信箱——yoho@readingtimes.com.tw
法律顧問——理律法律事務所　陳長文律師、李念祖律師
印　　　刷——勁達印刷有限公司
初版一刷—— 2022 年 10 月 28 日
初版十五刷—— 2024 年 7 月 17 日
定　　　價——新台幣 380 元

時報文化出版公司成立於一九七五年，並於一九九九年股票上櫃公開發行，於二〇〇八年脫離中時集團非屬旺中，以「尊重智慧與創意的文化事業」為信念。

大人學選擇：成熟大人的獨立思考術 / 張國洋 Joe, 姚詩豪 Bryan 作 . -- 初版 . -- 臺北市：時報文化出版企業股份有限公司 , 2022.10　面；　公分
ISBN 978-626-353-057-7(平裝)
1.CST: 生涯規劃 2.CST: 生活指導
192.1　　　　　　　　　　　　　　　　　　　111016212